JN089350

# 働き方改革と
# 自治体職員

―― 人事評価、ワーク・ライフ・バランス、
非正規職員、AI・ロボティクス

黒田兼一・小越洋之助 編著

自治体研究社

# はじめに
　——公務員「改革」のこれまで、いま、これから


　もうずいぶん前のことですが、『県庁の星』（桂望実<sup>のぞみ</sup>、小学館、2005年）という小説が多くの人に読まれました。ある県庁に勤めるエリートが、民間企業の経営手腕を学ぶために地元スーパーに出向させられ、そこで繰り広げられる人間模様を描いた話しです。原作とかなり違ってはいますが、織田裕二と柴咲コウが主演した映画にもなり、ヒットしました。このころは公務員バッシングが激しかったので、そういう時流を賛美するものかと思われるかもしれませんが、そうではありません。頭の堅い高偏差値エリート公務員が、スーパーの経営者からではなく、女性パート労働者から「地方自治とは何か、地方公務員はどうあるべきか」を気づかされる物語です。

　小説や映画だけではありません。公務員のあるべき姿を強烈に突きつけられ、心を熱くしたリアルもあることも忘れるわけにはいきません。あの2011年3月11日、押し寄せる大津波を目前にして、最後の最後まで避難を呼びかけて命を落とした若き地方公務員のことです。3・11のその時から、家族と同僚を失い自らも被災者でありながら被災地の前線で着の身着のまま尽力する地方公務員たち、市の機能が麻痺している中で、自分たちの判断でライフライン情報を掲載した「広報」を作成し、自らの手で避難所に届け回った地方公務員たち、こういう姿をみると公務労働の原点をみるような思いがします。

　このような地方公務員の姿は、その後の各地の災害の際にもみられましたし、今般の新型コロナウイルス感染対応の現場でもたくさんみ

ました。しかし残念なことに、こうした地方公務員の奮闘ぶりとは真逆の動きがいま活発に動いています。2000年以降、国・政府が主導してきた「公務員改革」がそれです。この動きは止まっておらず、いまも進行中ですし、さらに加速しようとしています。

　この「公務員改革」の動きは1990年代から進められてきたのですが、本格的な出発点となったのが2001年に閣議決定された「公務員制度改革大綱」でした。この「大綱」は、それまでに進められてきた公務員削減だけでなく、「能力等級の導入」、「能力を基礎とした新任用制度の確立」、「能力・職責・業績を反映した新給与制度の確立」など、公務員の人事や給与の原理原則を抜本的に変えようというものでした。それ以降、自治体職員の「働き方改革」は次々とさまざまな形で行われてきました。

　しかし「働き方改革」といわれても、自治体職員の皆さんは、何も好きこのんで人数の削減や給与制度の変更を望んできたわけではないでしょう。ましてや雇用が不安定な非正規としての雇われ方を望んできたわけではないはずです。これらすべて国の中枢の考え方で進められてきたことです。「これまでとは違った形で働いてもらおう」、「民間企業と同じようにコストと効率性重視で働いてもらおう」、このような考え方で「大綱」を閣議決定し、それに基づいていろいろな「改革」を行ってきたわけです。「任期付き職員法」(2002年)、公共施設の管理・運営を外部に代行させる「指定管理者制度」(2003年)、大幅な人員削減と民間委託を進める「集中改革プラン」(2005年)、「人事評価制度導入」(2014年)、そして新たな非正規職員制度としての「会計年度任用職員制度」(2017年)等々、矢継ぎ早でした。

　このような事情と経過を考えたら、「働き方改革」という言葉を冠した本書のタイトルは正確ではありません。本当は「働き方」ではなく「働かせ方」の「改革」なのです。いやむしろ「改悪」という言葉の方

がふさわしいのかもしれません。自治体職員をどのように働かせるのか、その管理の原理の改造なのです。ですから本来は「働かせ方改造と自治体職員」なのですが、何とも据わりが悪いし、何よりもわかりにくいタイトルです。2019 年から施行になった「働き方改革関連法」の関係もあって、いまどこにいっても「働き方改革」で、一種のブームにすらなっているようにみえます。本書はこの世間に流布している言葉を採用しました。わかりやすいからにすぎません。しかし、繰り返しになりますが、「働き方関連法」も含めて、その意味は従業員や職員の「働かせ方」（＝人事労務管理）の変更なのだということ、これを忘れないでください。

　そしていま、これからの少子高齢社会に対応するためとして新たな「働き方改革」が打ち出されています。「自治体戦略 2040 構想」や「スマート自治体」がそれです。現在、それに向けた準備が急ピッチで進められているのです。

　しかし、こうした「改革」は、地方公務員が公務員としての矜持を持って働き、住民サービスの向上に繋がるでしょうか。本書はこのことを問います。またそこで生きて暮らす人々に寄り添ったサービスを提供するためには、地方自治体と地方公務員はどうすれば良いのでしょうか。これも本書の大きな課題です。しかしこれらの課題は簡単ではありません。私たちは、「公務員改革」の「これまで、いま、そしてこれから」を、「働く」という視点に立って、この本を書きました。先行きの見えない激動のこの時代、地方自治体がそこで暮らす人々の基盤を支える役割を果たしていくためには、自治体で働く職員の皆さん、何よりもほとばしるようなエネルギーをもった若い職員の皆さんが、上司や仲間と一緒に「住民の要望に寄り添うとはどういうことなのだろうか」、これを議論することが不可欠です。それを考える素材を提供したい、これが本書のねらいと願いです。

最後になりますが、本書の構成について簡単に述べておきます。

　まず序章では、自治体の現場で働いている職員が最近の実際を率直に語っています。自治体職員の「働き方改革」の現実と困難を解決するためには、読者の皆さんと問題を共有することが必要だからです。続く第1章と第2章は正規職員の「働き方」の現実をみます。第1章は「人事評価制度」に、第2章は労働時間問題に焦点を充てます。いずれも「公務員は残業も少なくてきちんと給料ももらえて楽だ」というイメージとは真逆の現実が広がっており、そこからの脱却の道を探っています。第3章は非正規職員の問題について述べます。本年（2020年）から制度化された「会計年度任用職員制度」、非正規職員の非情な現実、そして近年増加している委託労働者の実態を考察し、その待遇改善への問題提起をしています。第4章は、「自治体戦略2040構想」や「スマート自治体論」で注目を浴びるようになったAIやロボティクスと職員の働き方について考察します。自治体職員としてAI・ロボティクスと“どのようにつきあっていけば良いのか”が論じられます。最後の補章では、戦後から今日に至るまでの自治体職員の働き方の変遷過程を追いながら、地方自治の原点に立ち返って、いま自治体職員に求められているものは何かについて述べられています。

　限られた字数とページで、与えられた課題の全容を論じるには自ずと限界があります。「全体の奉仕者」としての真の「働き方改革」をともに考えるためのささやかなメッセージとして読んでいただければ幸いです。

［目次］

# 働き方改革と自治体職員

人事評価、ワーク・ライフ・バランス、非正規職員、AI・ロボティクス

はじめに　3
　　──公務員「改革」のこれまで、いま、これから

序　章　**公務の世界でいま何が起きているのか**……………　11
　1　いま自治体の現場で何が起きているのか　11
　　　──働き過ぎの葛藤と非情
　2　いま自治体の職場で何が起きているのか　15
　　　──「市民」から「お客様」へ
　3　医療と福祉の現場で何が起きているのか　19
　　　──住民の健康と命を守る仕事が外部化される

第1章　**人事評価制度と給与**………………………………　25
　1　人事評価制度とは何か　25
　2　人事評価制度と給与・処遇　28
　3　人事評価とどう向き合うか　37

第2章　**自治体職員の労働時間とワーク・ライフ・**
　　　　**バランス**………………………………………………　41
　1　自治体職員のワーク・ライフ・バランスと
　　　住民サービス　41
　2　ワーク・ライフ・アンバランスな自治体職場の実情　43
　3　ワーク・ライフ・バランス職場をつくる　47

第3章　**公務公共を担う非正規公務員**……………………　51
　1　「行政改革」と非正規職員の増加　51
　　　──非正規化する地方自治体
　2　会計年度任用職員制度　54

3 「雇用劣化」の自治体現場　57
　　──非正規職員の現実

4 広がる民間委託とその問題点　62

5 非正規公務員の待遇改善　66


第4章　**AI・ロボティクス時代の自治体職員**………………　73
　　──スマート自治体批判

1 AI・ロボティクスと公務労働　73

2 AI・ロボティクスの導入事例　77
　　──川崎市の場合

3 AI・ロボティクスの導入事例　81
　　──さいたま市の場合

4 AI・ロボティクスとのつきあい方　84


補　章　**自治体労働者の働き方・働かせ方は**
　　　　**こう変わってきた**………………………………………　89
　　──「自治体労働者論」を基軸にした歴史的視点から

1 革新自治体と自治体労働者　89

2 革新自治体の衰退と自治体労働者　92

3 自治体民間化の中の自治体労働者論　96


終　章　**自治体戦略 2040 構想と自治体職員**………………　101


**深く学ぶための読書案内**　105


**あとがき**　111

## 序 章　公務の世界でいま何が起きているのか

　第1章以降に述べられる「働き方改革」の問題の一つ一つに入る前に、最近の自治体の現場で実際に起きていることの一端を記します。「公務の世界でいま何が起きているのか」を語り、問題を共有することは、自治体職員にいま降りかかっているさまざまな困難を解決するためには必要なことだと思うからです。もちろんここで書かれていることとは違う別の問題（非正規公務員の問題がその一つ）もあるに違いありません。それはそれで、ぜひまわりに発信してください。問題の解決は多くの人とそれを共有することから始まるからです。

## 1　いま自治体の現場で何が起きているのか
### ──働き過ぎの葛藤と非情

### 県職員が過労自殺
　最初から明るくない話しですが、2016 年 11 月 14 日、神奈川県庁の財政課に勤務していた男性（当時 37 歳）が自殺しました。このショッキングな話しを聞いて、にわかには信じがたいでしょうが、過労自殺した地方公務員は他にもおります。例外的なことではないのです。
　地方公務員の働き方についてどのような印象をもちでしょうか。朝 9 時から夕方 5 時までの勤務、残業なし、安定した勤務労働条件と思われているでしょうか。しかし、いま地方自治体の職場でも、このような「当たり前」の働き方（ディーセントワークといいます）は難

しくなっています。8時間働けばまともな生活ができる、仕事をきちんとやれば住民に感謝され、そのことに誇りをもつことができる、残念ながらそのような働き方とは真逆となっているのが現実です。

　この自殺した男性の母親（70代）は、長時間労働や上司からのパワハラが原因でうつ病を発症して自殺したとして、県に損害賠償（国家賠償請求権）を請求しました。男性は、2013年11月からの知事室勤務、2016年4月からの財政課での業務により、パワハラと長時間労働からうつ病を発症し自殺に至ったというのです。法廷での母親の言葉は同じ県庁職員として胸に刺さります。「もう息子はかえってきません。しかし、大変な事件が起きたにもかかわらず、県庁の労務環境は改善していません。事件に向き合わない県庁のままでは、同じことが繰り返されてしまいます。このような苦しみは二度と味わってほしくありません」。

## 「知事特命事項」・パワハラ・長時間労働で心身をすりつぶす

　地方公務員になる人の多くがそうであるように、2006年に入庁したこの男性もまた、県職員として仕事に意欲的に取り組み、同期の友人らとマラソン大会に出場するなど、公私ともに充実した生活を送っていました。しかし、2013年に知事室に異動してから「息子の様子が目に見えて変わっていった」と母親はいいます。

　マスコミ出身の知事は、オール与党で当選し2020年は3期目となります。「いのち輝くマグネット」「未病改善」を謳い、職員に「圧倒的なスピード感」「県民のためより県民目線」を求めました。オール与党体制もあってか、幹部職員をはじめ職員は知事にものが言えない雰囲気となり、他方で知事の「思い」に沿う仕事で重用される一部の者も増えました。

　自殺をした財政課では4月から9月までの時間外勤務は平均150時

間を超え、7月には200時間を超えていました。過労死ラインをはるかに超えた長時間労働です。その前の知事室でもやはり過労死認定基準を超える長時間労働が度々行われましたが、それに加えて知事の思いを実現する「特命事項」の負担が深刻化していました。「特命事項」の出発点は、例えば「中国でコスプレが流行っているらしい。神奈川をコスプレで盛り上げよう」といった知事の発案でした。知事側近の上司は「とにかくやれ」などのあいまいな指示で、すべてが知事直結案件で大きなプレッシャーがあったといいます。その一方で、知事が興味を失って消滅する特命事項もあり、知事の気分一つでした。男性は、成果が容易に出しにくい業務であったにもかかわらず容赦なく上司から激しい叱責を受け、同僚たちは「怒られ役になっていた」「部屋中に響き渡るような声で怒鳴られていた」「弱い人間にとっては間違いなくパワハラと受け止められるようなものだった」と証言しています。

　男性の頬がこけ、食欲もなくなり、「家でタオルに顔をうずめて、押し殺すように泣いていた姿を一生忘れられません」と母親は言います。母親が男性に入院した方がいいと何度も勧めましたが、「体が悪くないから休むわけにはいかない」と言ってきかず、休むことなく働いていました。毎日、無事に帰ってくることを祈る日々が続いたといいます。願いもむなしく、9月末ごろにうつ病を発症し、11月14日に職場近くの公衆男子トイレ内で自殺しました。


### 友人たちと労働組合が裁判支援

　この県職員の「パワハラ過労自死裁判」に男性の同期の友人たちと労働組合が支援に立ち上がりました。労働組合が裁判での県と遺族の主張を載せたチラシを全職員に配布すると、早朝から机に向かって仕事をしている職員が手を止めて、それを食い入るように読み始めていました。県民のためとして仕事の重要性を感じながらも、あまりにも

長い労働時間、その仕事も本当に県民のためになるのかという疑問を抱きながらも、上司からの理不尽な軋轢を受けながら葛藤し、挙げ句の果てのパワハラと自殺という非情さを「人ごとではない」と感じ、関心を高めているのです。

　誰もが県民のために仕事をしたいと意気込んで公務員になったはずです。それがいつの間にか、長時間労働を異常だとは感じなくなり、「体が悪くないから休むわけにはいかない」という感覚が普通になり、多くの職員がパワハラをパワハラと認識できなくなってしまっているようにみえます。明らかに、異常な空気が職場に蔓延しています。職員が荒んでしまうと住民サービスも潰れてしまいます。「パワハラ過労自死裁判」支援は、窓を開けて空気を入れ換えるための契機になるはずです。

## まともな働き方へ

　本書のいくつかのところで「すべての公務員は全体の奉仕者」ということが書かれています。そのような公務員になろうと胸に秘めて公務の世界に飛び込んだはずですが、「全体の奉仕者」どころか、仕事と残業の連続で、考える余裕がなくなりいつの間にか「上司の奉仕者」になっていないでしょうか。

　何よりもまず必要なことは長時間労働を一掃すること、神奈川県庁の労働組合はそのように考え、定期的に職場での残業実態の調査を行っています。残業実態調査は、ノー残業デーの夕方18時30分と、21時30分の2回、県庁の各職場を組合員が回り、在庁者を数えています。その結果は、ノー残業デーなのに残業する職員の割合は、男性が自殺をした後に県庁が「働き方改革」を始めて3年が過ぎた今もほとんど変化していないのです。合わせてアンケート調査もしていますが、「人を増やすことが一番の解決」、「早く帰るよう指導されるが、業務が減

らされていない」、「定時までフルで業務を行っているが、定時までに終わる量ではない」、「事業によっては県民を危険にさらすものもあるため、念入りな打合せが必要だが、多忙のため、できていない」など深刻な意見が出されています。

　今回の県庁職員のパワハラ過労自殺は、この残業アンケートに示された職場の実態が引き起こしたものです。住民サービスの質的低下を生まないためにも、まともな「働かせ方」への抜本的な改善が求められています。


## 2　いま自治体の職場で何が起きているのか
### ──「市民」から「お客様」へ


**自治体職員として思うこと**

　ある自治体に働く若い職員からこんな声が寄せられました。

　「『このまちとこのまちにくらす住民のために仕事がしたい！』という思いで市役所に入り、国民健康保険の仕事に就きました。ですが、窓口では〝国保料が高い〟などのクレームで住民と制度の板挟みになっています。なんだか住民を苦しめる仕事をやっているのではないかと最近感じます」。

　残念ながら、7年連続で地方自治体の職員採用試験受験者数が減少し続けています。また、採用試験合格者の辞退率の増加も止まりません。さらには、若年層職員の離職も急増しています。彼のように「やりがい」と「現実」のギャップに悩みながら働く若い職員が数多く存在しているのが現実です。いったい背景に何があるのでしょうか。

　名古屋市で35年にわたり上下水道事業に携わってきた自らの経験を辿りながら、このことを考えます。

## "あたりまえ"に育まれた知識と経験

　1985年に名古屋市下水道局（現・上下水道局）に採用されて直ぐに、先輩から諭されました。「下水道の仕事は、市民のいのちとくらしを守る仕事。人のいのちを守る仕事には、自らのいのちが危険にさらされる場面も必ずある」。だから「そんな時（災害や事故）に備え『だからどうする』は自分で考えるもの」だと叩き込まれました。これを現場主義といいます。そして、あの阪神大震災（1995年）や東海豪雨災害（2000年）などの数多の「そんな時」の経験を重ね、「市民の生存権と基本的人権を保障するために働く」という理屈を、ゆっくりと着実に学びました。マニュアルではなく現場の経験から学ぶ時代でした。

　当時の水道局（現・上下水道局）水道業務所では、上下水道使用料（上下水道料金）の未納督促・停水作業など行政執行を伴う業務を担いながら、同時に市民と直接接する水道相談窓口をも担当していました。カウンター越しに相談に応じ、現場で直接要望を聞いて地域の状況がわかり、「市民の水を守る」とはどういうことかを肌で理解できました。当然、マニュアルに従えば「水栓を止める」という判断になるケースでも、職員が「市民の生存権と基本的人権を保障する」との立場でギリギリまで事情を聴き、福祉職場とのチャンネルを模索するなど、臨機応変な対応が当然のようになされていました。これらが水道事業の公共性にとって肝といえる役割でしたし、それが"あたりまえ"に育まれていました。

## 「市民」から「お客様」へ、呼び方の変化が意味すること

　2000年を迎えたころから、それが変化してきました。旧下水道局と旧水道局は組織再編により上下水道局と姿を変えます。この再編を契機に、局内では「お客様サービスの向上」が合言葉のように使われるようになりました。いつしか「市民」だったはずの住民が「お客様」

に、窓口職場だった「水道業務所」は「水道営業所」へと看板が付け替えられたのです。さらに、市民サービスの最前線の相談窓口が、"丁寧にマニュアル通りの対応"をするためとして「お客様サービスセンター（コールセンター）」に外部委託されたのです。

「名は体を表す」。呼び名が変化して、私たちは「売り手」になり、市民は「お客様」に変化しました。「売り手」になった私たち水道職員は、「すべての住民の生存権と基本的人権を保障する」役割から、水という商品を売る「サービス提供者」になり、突然「お客様」とされた「市民」は、「公共財としての水」を商品として買う消費者にされようとしたわけです。

生存権や基本的人権に基づく事業運営が求められる「上下水道事業」にとって、「市民」から「お客様」へ、「業務所」から「営業所」への変化は、公務の重大な変質です。


## ノウハウと技術伝承に陰り

上下水道局における経営改革の柱は、「経営の効率化」と「お客様サービスの向上」の両立でしたが、それは職員削減と外部委託をすすめることでもありました。職員数は20年間で900名以上も削減されました。それは単なる人員の減少に留まらず、団塊の世代の一斉退職によるノウハウ・技術の喪失にも繋がりました。残った職員は「ノウハウの伝承の陰り」にも向かい合うことになったのです。

この難しい局面で採用された若い職員たちは、経験を積み重ねる時間的余裕も、臨機応変な対応に必要な余裕も与えられないまま、委託管理や現場の一線に立たされることとなりました。「このまちとこのまちにくらす住民のために仕事がしたい」と意気込む若い職員たちがそこに立つ時、どうなるのか明らかです。「やりがい」より忍耐と脱出を考えるでしょう。

## 失われなかった水道労働者としての誇り

そんなころ、若い職員はもとより、すべての世代の職員が上下水道事業の公共性を肌で感じる大変な出来事が起こります。2011年3月11日の東日本大震災です。

上下水道局では、発生当日から延べ500名を超える職員が宮城県や岩手県に応援派遣に赴くことになります。派遣された職員は、応急給水作業や応急復旧作業、管渠損傷調査などに従事し、マニュアルにないミッションを臨機応変にこなし、上下水道局の高い現場力と技術水準を発揮し続けることになりました。それは高い評価を受け、職員派遣は2020年現在まで続くことになります。窮地にあっても「そんな時」のために日々の仕事に向かい合うポリシーと誇りは脈々と受け継がれていたことを気がつかされたのです。被災地で現場力を思う存分発揮した職員の陰には、職場で日々の業務を分かち合う職員がいました。私たちが「すべての住民の生存権と基本的人権を保障する」水道労働者であることをあらためて想い起させるきっかけとなりました。

## 市民は見てくれている

しかし良いことずくめではありませんでした。後輩のひとりは、大きな余震により自らの活動が意味をなさなくなったことを悔い、「結局、被災地の方のチカラになることができませんでした」とひどく落ち込んでいました。そんな時、仕事を終えて職場に戻ろうとした私たちを、ある年配の女性が呼び止め、こう言いました。「水道局は凄いね。たくさんの職員が東北に行って仕事をしてくれているのでしょう」と。

間髪を入れず、「（後輩を指さし）実は彼、一昨日、石巻市から戻ったところです」と伝えると、「名古屋市の代表としてお疲れ様だったねぇ。若いから大変だったでしょう。でも名古屋はあなたたちがいるから大丈夫だよね」と暖かい言葉をかけてくれました。私たちは「あり

18

がとうございます」と答えるのが精一杯でしたが、車に乗り込むや否や、互いに顔を見合わせ、あることに気がつきました。私たちは「単なるサービス提供者」でなく「全体の奉仕者」なんだ、市民は「お客様」ではなく、いのちの水を大切に思う「主権者」なんだ。これを確信した瞬間でした。

　「このまちとこのまちにくらす住民のために仕事がしたい！」。

　これが自治体職員の原動力なのです。

## 3　医療と福祉の職場で何が起きているのか
### ──住民の健康と命を守る仕事が外部化される

　今、自治体職員は相次ぐ自然災害への対応に追われる中で、さらに新型コロナウイルス感染症の仕事も加わり、住民の命と暮らしを守る最前線で奮闘しています。

　新型コロナウイルスの最前線で何が起きているのでしょうか。以下では、現場の聴き取りから、これまで自治体職員を極限にまで減らし続けてきた「つけ」を現場の職員そして住民が負わされていること、さらに派遣契約で人員不足を補うなど、健康と命を守る仕事が外部化される実態をみます。

### 派遣契約の保健師を活用した24時間対応

　自治体では、新型コロナウイルスに感染の疑いのある住民が相談できる「帰国者・接触者相談センター（以下「相談センター」）」を保健所（神奈川県での名称は「保健福祉事務所」）などに設置しています。神奈川県では、医療機関への受診につなげるため、平日8時30分から17時15分までは「相談センター」で県庁や保健所の保健師や看護師らが対応し、勤務時間外や休日は県庁の保健師がローテーションを組

んで、24時間応対をしています。

　しかし、保健所の保健師らの仕事はそれで終わりません。勤務時間外や休日用にローテーションで職場の携帯電話を持ち帰り、夜間休日に県庁から電話を受けて受診や検査の調整を行っています。また休日であっても職場に出かけ、深夜であっても電話を受けて対応しているとのことでした。「相談センター」の電話は鳴り続け、誰かが電話相談を受けています。症状や、過去の履歴などを細かく聞くため、短くても１件につき５分以上かかるといいます。さらに指定医療機関への案内、患者から採取した検体の県の衛生研究所への搬送、その搬送もバイク便を使う他、保健所の職員による検体の直接搬送など、息つく暇もない業務の連続です。

　これら「相談センター」の業務を担う職員は、感染症対策を担う「保健予防課」の保健師や事務職員、そして県庁が今回の対応のために急きょ派遣契約で雇用した保健師、さらには「保健予防課」以外の職員も支援業務に携わっており、文字通り全職場で対応しています。

## 「倒れるわけにはいかない」

　保健所の業務は、新型コロナウイルス対応だけではありません。４年前の津久井やまゆり園事件を契機に増えた、自傷・他傷などの恐れが明らかな場合に通報を受けて措置入院をさせる対応も「保健予防課」です。ですから新型コロナウイルスは、これまでの業務の上に加わった業務になるわけです。ある保健師は「２月から休めていない、精神的に疲れている」と嘆き、「人が足りない、派遣で来てくれている保健師が４月以降も来てくれるのか不安だ」とこぼしていました。残業が続いている衛生研究所の職員の「倒れるわけにはいかない」という力強い言葉が印象的でした。新型コロナの最前線は、職員の不眠不休の献身的な努力でギリギリの対応が続いています。

## 「今更言うのもおかしいところですが……」（橋下徹氏）

現場で奮闘している保健師が「派遣で来てくれる保健師」を求めている、この事実に複雑な思いを禁じえません。この緊急事態において、経験豊富で専門性のある保健師を増やすことが、現場の支援に繋がるのは事実です。しかし足りないのです。派遣契約をしたくても自治体間で保健師の取り合いになります。派遣会社に自治体が必要とする労働者を確保する責務はありません。本来は地域の実情をよく知った自治体採用の保健師が必要なのですが、必要最低限の人数も確保できない実態があるのです。職員の不眠不休の献身で支えられているとしたら、住民の安全な暮らしが危険な状態にあるのではないでしょうか。

こうした中で、元大阪府知事・大阪市長の橋下徹氏が、次のようにツイートしました。

「僕が今更言うのもおかしいところですが、大阪府知事時代、大阪市長時代に徹底的な改革を断行し、有事の今、現場を疲弊させているところがあると思います。保健所、府立市立病院など。そこはお手数をおかけしますが見直しをよろしくお願いします。（中略）考えが足りませんでした」（2020年4月3日）。

自治体では財政難を理由に職員の数を極限にまで減らしながら、非正規労働者への切り替えと民間化を強力に推し進めてきました。神奈川県（知事部局）でも約20年間で約1万3000人から7000人までと半数近くまで職員を減らしてきました。それは恒常的な長時間労働や職場の慢性的な疲弊を招きました。緊急時のいま、極限まで職員を減らし続けてきた「つけ」を、現場の職員や住民がまともに負っています。橋下氏の発言は無責任で、憤りを禁じ得ません。住民が安心して暮らすという地方自治の土台を掘り崩しています。

## 福祉の職場でも外部化（民間化）

　2016 年 7 月 26 日に、神奈川県立の指定管理施設である津久井やまゆり園において、同園の元職員（当時 26 歳）が、施設のガラスを割って侵入し、施設の利用者を刃物で刺し、19 人が死亡、26 人が負傷した殺傷事件が起きました。

　「県立」とありますが、2005 年から民間の事業者が指定管理者として運営しています。裁判では、被告の特異な人格や思想に起因することや刑事責任能力の有無などが焦点とされました。しかし、津久井やまゆり園での勤務の実態や、人材育成、施設運営のあり方がもっと問われるべきです。

　公立の社会福祉施設に指定管理制度を導入するメリットとして、「民間法人の力を活かせば、柔軟で、効率的、効果的なサービスを提供できる」、「運営コストを削減できる」とされてきました。しかし「運営コスト削減」の実質的な意味は人件費の削減です。労働組合が調べたところでは、津久井やまゆり園の場合、制度導入当初の 2005 年の指定管理料（県から指定管理者に支給される事業費）は 8 億 5000 万円（派遣した県職員の人件費含む）でしたが、2015 年度からは 3 億 7000 万円にまで、実に 57% もの削減なのです。この削減で指定管理者はどのように対応したのでしょうか。非常勤などの雇用割合を増やすことなどが行われていると聞きます。福祉施設で働く労働者の勤務労働条件や人材育成にどのような「負」の影響を与えたのか、きちんとした調査が必要です。

　福祉施設は利用者のために安定的で継続した運営が必要不可欠です。しかし指定管理者制度は、5 年から 10 年で契約の中断や他の事業者への切り替え、指定管理料の切り下げなど、安定的で継続した運営が損なわれてしまいます。結局は、そこで働く職員、労働者、そして利用者にその「つけ」を負わせることになりかねません。効率性や運営コ

ストの削減を理由に指定管理者制度による運営は福祉や医療分野には避けるべきです。それにもかかわらず、津久井やまゆり園事件の裁判の最中、神奈川県は新たに県営の他の福祉施設を指定管理制度に移行する計画を粛々と進めています。しかし安易なコスト削減が重大な結果をもたらしてしまうことを自覚し、今回の新型コロナウイルス感染問題からの教訓を重く受け止め、医療と福祉の分野を外部化することを抜本的に再考すべき時が来ているのではないでしょうか。

# 第1章 ｜ 人事評価制度と給与

## 1 人事評価制度とは何か

　地方公務員法は職員の人事や給与などの勤務条件の基準を規定する法律ですが、2014年にそれが改定され、人事評価制度が義務づけられました。人事評価は一人ひとりの地方公務員の「働き方」にもっとも大きな影響を与える可能性が高いものです。職員数が17万人近くいる東京都から50人にも満たない小さな村に至るまで、全国津々浦々すべての地方自治体に人事評価制度の導入と活用が義務づけられることになったのです。施行されて今年で丸4年になります。「働き方改革」に注目してみて、何が変わったのでしょうか。そもそも人事評価とは何なのでしょう。それはなぜ義務化されたのでしょうか。

### 政府（総務省）による人事評価の説明

　政府（総務省）の説明によると、人事評価とは「職員がその職務を遂行するに当たり発揮した能力及び挙げた業績を把握した上で行われる勤務成績の評価」のことです。その評価結果を「任用、給与、分限その他の人事管理の基礎」に活用しなければならないとされたのです（地公法第23条）。公務員独特の用語が使われていますが、要するに、職員を「能力」と「実績」で評価して、その評価に基づいて採用や賃金、異動、解雇などの人事管理を行うように義務づけたということに

なります。平たくいえば、各人の「働きぶり」をみて任用し、「働きぶり」をみて給与を決め、「働きぶり」が悪ければ解雇しよう、ということになります。そうだとすれば、考えようによっては、「働きぶり」で処遇するのは当たり前のことであって、ここで改めて問題にする必要などないではないか、そう思うかもしれません。

しかしよく考えてみてください。「能力」や「業績」は言葉としては明瞭ですが、「能力」とは何か、いったい何で「業績」を測るのかなど、一歩進んで考えてみると簡単ではありません。民間企業なら「業績」を測ることは難しくないのかもしれませんが、公務員の場合はどうでしょうか。

そこで法律を読み込んでみると、次のように規定されています。「能力」について「職務を遂行する上で発揮することが求められる能力として任命権者が定めるものとする」（地公法第15条の2）、さらにまた「人事評価の基準及び方法に関する事項その他人事評価に関し必要な事項は、任命権者が定める」（地公法第23条の2）。つまり「能力」や「業績」について何を基準にどのように評価するのかなど人事評価の基本は任命権者（首長）が決めるとされているのです。現場で働く職員の処遇の基準となる人事評価が首長（当局）によって決められるわけです。その運用次第では、現場を知らない首長による露骨な職員支配の道具になりかねません。

総務省は評価制度のモデル（雛形）を作っています。詳細は省きますが、「能力」の中味を「倫理」「知識・技術」「コミュニケーション」「業務遂行」の4つの種類の「能力」を評価対象としています。また「業績」に関しては、それぞれの職員にあらかじめ目標を設定させ、その達成度を評価する、「目標管理制度」というやり方を推奨しています。しかしこれでもなお抽象的ですし、評価する側（直属の上司）の主観が入り込む余地を残しています。評価の結果で職員の処遇を決め

るわけですから、可能な限り客観性や公平性が確保されねばなりません。さらに評価される側の納得性が必要不可欠です。納得できない評価は職員のやる気を削いでしまいますし、その結果、住民サービスの低下に繋がってしまうからです。次節でいくつかの自治体の実態を考察し、この点を確認します。地方自治を担う職員が生き生きと働ける制度になっているのかどうか、これが最も肝心なポイントです。

## 人事評価制度導入のねらい

　ところで政府が法律を変えてまで人事評価制度を入れる意図は何でしょうか。改正前の地公法にも「勤務成績の評定」で処遇することとされていたわけですから、敢えて改訂する目的は何なのでしょうか。

　1980 年代以降、市場競争を活性化すれば経済は発展するという考え方から、市場競争を阻害する規制や構造をなくして、低コストと高能率を実現しようという政策がとられるようになりました。「規制緩和」・「構造改革」という名で進められてきた政策です。大型スーパーが全国いたるところにできて、駅前の商店街がシャッター通りとなったのもこういう背景がありました。民間企業の人事と労働の分野では、派遣の採用、裁量労働制の導入、非正規雇用の増加、成果業績主義人事の進展など、もっぱらコスト削減と効率性をねらった人事戦略が採られてきました。

　公務員に関しても同様な方向で「改革」が行われてきました。人事評価制度の義務づけは、2001 年に閣議決定された「公務員制度改革大綱」が出発点になったのですが、そこでは「能力を基礎とした新任用制度の確立」と「能力・職責・業績を反映した新給与制度の確立」が高々と掲げられています。人事評価制度は「勤務成績の評定」として以前からあったのですが、時代が大きく変化したのに「半世紀以上も前に作られた制度を踏襲している」から、「制度疲労を起こしている」

とされ、「コスト」と「効率性」を重視した制度に「改革」していかなければならないとされるようになったのです。

　これがコストと効率性重視の「新しい公務員制度」として、法律を変えてまで人事評価制度を義務づける根拠です。要するに、公務の分野にも民間企業と同じような原理で職員管理を徹底しようとされたのです。改定された地公法では、任命権者が指示した業務を全職員に効率よく遂行させ、その遂行度で処遇していくことが規定され、人事評価制度はその不可欠な道具として位置づけられているのです。

　任命権者の指示通りに働くことが強調され、その達成度で処遇されることになるわけですから、職員は上から言われたことにただ黙々と従うしかないことになります。「頭が堅く融通が利かない公務員」とのステレオタイプの公務員批判を招きそうです。これでどうして住民サービスの向上に繋がるのでしょうか。むしろ現場の職員が自由に意見を具申し、やり甲斐をもって働けることこそが必要なはずです。人事評価制度はそのための手段となってこそ意味があるはずです。このままでは「全体の奉仕者」から「上司（首長）への奉仕者」への重大な変質の危険性があるようにみえます。それを防いで行くための手立てが必要です。そのためにも、いくつかの自治体の実態と特徴をみてみましょう。

## 2　人事評価制度と給与・処遇

　自治体に人事評価制度が義務づけられる直前、私たちは、すでに人事評価を使っていたいくつかの都府県の事例的な分析をしました（『どうする自治体の人事評価制度―公正、公開、納得への提言―』自治体研究社）。詳しいことはそれを読んでいただくとして、はやくも4年が経過し、その後はどうなっているのかを中心に簡潔に述べることにし

ます。実は第3章で述べられる「会計年度任用職員」にも適用される
ことになっていますが、ここでは正規職員だけに絞ることにします。

　人事評価は上司と部下とのコミュニケーションの円滑化や仕事に関
連する能力開発だけに使用されるならば意味はあります。しかし既述
したように、今回の導入義務づけはそこにねらいがあるわけではあり
ません。「任用、給与、分限その他の人事管理の基礎」に活用すること
を義務づけたわけです。こうなると、職員の序列化どころか支配の道
具になりかねません。上司に物言う職員の評価は下がる危険性がある
からです。さらに給与や一時金に直接反映させることは職員に大きな
影響をもたらしますし、職員間で摩擦も発生しかねません。なかには
分限（解雇）の手段に使おうとしている自治体すらあるのです。それ
だけに「公正な評価」が必須です。ここではいくつかの自治体の事例
を挙げて検討します。


## 人事評価と給与への反映（リンク）について

　人事評価の給与への反映（リンク）は昇給と一時金（賞与）に区別
されます。まず昇給について述べましょう。

　最初に取り上げるのは神奈川県です。

　神奈川県では2008年、独自の評価基準に沿った人事評価制度を導入
しました。そしてこれまでの制度の骨格を維持しつつ、2017年から新
たに補強しました。

　図表1-1のように、神奈川県では職員を4つの階層に区分し（職の
性格区分）、それぞれ階層ごとに3つの評価要素（能力、意欲、実績）
を具体化して評価しています。

　県の資料によれば、①「期待し求められる水準」の見直し、②面接
の重視という視点から補強したといいます。②の面接についてはこれ
まで年1回の実施を年3回とし、職員には「対話シート」を作成させ、

図表1-1　神奈川県における人事評価要素・職の性格区分

評価要素

| 能力 | 「知識、技術、技能」「業務遂行能力」（情報収集・活用力　理解力　企画・計画力　判断力）調整能力（説明・調整力） |
|---|---|
| 意欲 | 「取組み姿勢」（責任感　チームワーク　積極性） |
| 実績 | 「仕事の質」（正確・迅速性　効率性）「仕事の成果」（創意工夫・業務改善　業務実績） |

職の性格区分

| 能力開発期<br>（主事、主任主事級） | 採用から主任級までの概ね10年間。評価要素の例：効率性（内容・着眼点）「時間的観念やコスト意識から見た仕事の遂行状況」 |
|---|---|
| 能力活用期<br>（主査、副主幹級） | 能力開発期間を終了し、職務を遂行する上で、必要な基礎的能力を備えて、多様な経験を積みながら実力を発揮しさらに能力を高めていく期間 |
| 管理能力育成期<br>（主幹、課長代理、副課長級） | 自らも仕事を行いながら、組織の最小単位である班や課あるいは業務単位のチームリーダーとして部下の指導や育成をし、あるいは上司の補佐に携わる期間 |
| 管理能力発揮期<br>（管理職手当受給者） | 組織の責任者として、部下の指導や育成を行いながら業務の方針決定や組織の管理に携わる期間 |

職種（給料表）の違いを考慮した評価要素

| 項目 | 区分 | 要素 | 適用給料表・適用職員 |
|---|---|---|---|
| 能力 | 業務遂行能力 | 注意力 | 行(2)、技能、海事、医療、福祉の給与表適用の一般職員 |
| 実績 | 仕事の質 | 丁寧さ | 医療、福祉の給料表適用の一般職員 |

資料：神奈川県総務部人事課『神奈川県の人事評価システムの手引き』2008年および同人事課『人事評価実施要領』2019年による。

各組織の組織目標や業務目標などについて、上司と部下が綿密な話し合いを行うことを強調しています。これは①と関係しています。具体的には、**図表1-1**にある能力開発期の人事評価項目の「実績」細項目「効率性」（内容・着眼点）「時間的観念やコスト意識から見た仕事の遂行状況」にもある通り、公務の仕事の範囲が増加する中で、しかも職員削減の中で、仕事の確認や目標を相互に認識することを意図している、とみられます。ここには能力育成に留意した「対話重視」の

特徴を確認できるでしょう。

　それではこのような人事評価が昇給にどのように反映しているのでしょうか。

　実は、神奈川県では、労働組合（県職労）が民間の成果主義賃金導入を危惧し、これを阻止した経験があります。目標管理や成果基準による人事評価は職員間を分断しかねないため、特に人事評価を給与に反映させる方式ついては慎重な対応を行いました。その結果、いわゆる目標管理制度は導入させませんでした。これは現在でも続いているといいます。組合は給与反映について職員への悪影響を最大限に防ぐ姿勢を維持し続けています。

　次の**図表1-2**は人事評価と給与（昇給）のリンクを示しています。昇給は基本的には1年単位での発揮された能力の評価結果で決めるとしています。図表のように、勤務評価で6号昇給はわずかに5％以内、5号昇給は20％以内、合計25％にとどまっています。逆に、ほとんどの職員は4号給（かつての1号昇給で、標準的昇給）の昇給なのです。民間企業と違い、公務の職員には大括りの職種別の俸給表があります。公務の仕事がそもそもチームワーク労働であり、しかも異なった部署からの異動も多く、その職員は異動先では新人になるわけで、教え合うことが不可欠となります。ですからあまり大きな昇給格差をつけることはできないし、またつけるべきではありません。

　次に、人事評価のランクの分布率を条例で決めてしまった大阪府をみてみましょう。

　「大阪維新の会」が府政と市政を握り、先導し、自民・公明が賛成して「職員基本条例」を成立させました（2012年3月23日）。それは人事評価の分布率まで条例で決めるという驚くべき内容でした。具体的には、上位の「第一区分」が全体の5％、「第二区分」が20％、「第三区分」60％、「第四区分」10％、そして最下位の「第五区分」が5％

図表1－2　神奈川県における人事考課と給与リンク（一般職員）

| 昇給区分 | 昇給号給数 | 基準目前1年間の勤務成績の評価 | 分布率 |
|---|---|---|---|
| 勤務成績が極めて良好 | 6号給 | 総合評価点が70点以上 | 5％以内 |
| 特に良好 | 5号給 | 総合評価点が70点以上 | 20％以内 |
| 良好 | 4号給 | 総合評価点が50点以上 | ／ |

注：総合評価点が50点未満の場合、勤務口が所定の日数に満たない場合、懲戒処分の場合の
　　昇給号給数は「やや良好でない」（1～3号給）または「良好でない」（0号給）となる。
資料：神奈川県人事課「人事評価システムを活用して能力開発・スキルアップを図ろう」2016
　　年。

というもので、それぞれの区分へのランクづけ比率が決まっているわ
けですから、どのような場合でも必ず下位区分を造ることになります。
当時の大阪府知事・橋下徹氏（のちに大阪市長に転身）は、「2回連続
して最下位に落ちた者は、指導・研修により改善の見込みがなければ、
免職、または降格の対象とする」という強権的方針を打ち出したので
す。その背後には、当時の意図的な「公務員バッシング」があったこ
とはいうまでもありません。それを「身を切る改革」などとして、職
員削減と給与の引き下げが企図されたのです。

　大阪府で導入した評価制度は「絶対評価の相対化」（「絶対評価」と
は予め決めた基準に沿って評価する方法で、人数などに左右されませ
ん。「相対評価」とは、評価された人数を一定の分布率に割り当てる
方法です）として、条例に沿って相対評価比率を機械的に当てはめる
ものです。これは、チームワークが不可欠な公務職場に相互競争を煽
り、格差（差別）と分断を持ち込むものでした。結果として、下位区
分（第四、第五区分）の人は否応なく昇給を減らされてしまったので
す。このやり方は本人の生涯賃金の低下となり、絶対評価では「能力」
も「実績」も同僚と違いのない職員を「相対評価」でわざわざ下位に
落とし、本人を傷つける措置です。組合が発行するニュースによれば、
こうした誤った評価制度のなかで、経験豊かな職員は大阪府に見切り

図表 1-3 大阪府の「相対評価結果の給与反映方法の
見直し案」（2019 年 1 月 14 日提案）

| 相対評価結果 | 絶対評価結果 | 基本の昇給号給数 | | |
| --- | --- | --- | --- | --- |
| | | 現行 | 1 年間 | 1 年後の調整 |
| 第一区分 | S<br>A | 4 号<br>4 号 | 6 号<br>5 号 | 4 号<br>4 号 |
| 第二区分 | A<br>B | 4 号<br>4 号 | 5 号<br>4 号 | 4 号<br>— |
| 第三区分 | — | 4 号 | 4 号 | — |
| 第四区分 | B | 3 号 | 3 号 | 4 号 |
| 第五区分 | B<br>C<br>D | 1 号<br>0 号<br>0 号 | 1 号<br>0 号<br>0 号 | 4 号<br>—<br>— |

注：令和 2 年度（2020 年度）の給与反映から適用し、2021 年度以
降の昇給に反映の予定。
資料：『府職の友』号外（2020 年 2 月 5 日）。

をつけ、他の自治体に転職することさえ起こっているのです。

　職員の意欲を削いでしまう評価制度に対して、労働組合（府職労）
は、全職員の 2 割が「下位区分」（「第四区分」「第五区分」）に落とさ
れてしまうこの相対評価を「ただちに中止すべき」と当局に絶えず主
張し、交渉してきました。

　さすがに当局も、職員を委縮させ、モチベーションを低下させるこ
とに危機感を抱き、下位区分への昇給抑制は単年度に限り、翌年から
は対象者の昇給を一定程度回復させる措置を取りました（**図表 1-3** を
参照）。具体的には、B 評価（良好・標準）で「第五区分」（1 号昇給）
に落とされた人を例にとれば、翌年に B 評価であれば「第三区分」に
位置づけて、前年に 4 号給であったものとして調整するというもので、
回復分（3 号）プラス本年の 4 号昇給で、合計 7 号の昇給となります。
この数年間の交渉による大きな改善です。仕事の相違にさしたる違い

がないのに下位に落とす正当な理由はありません。ただし、組合はこの改善は第一歩に過ぎず、最終的には「職員基本条例」の撤廃が必要だとしています。評価分布率の条例化で、職場に混乱と矛盾を生み出し、職員のモチベーションとチームワークを低下させてしまったからです。

　最後に京都府をみてみましょう。

　京都府職労は、人事評価制度に対して一貫して反対してきました。それは「大半の職員がまじめに頑張っている府の特性」に配慮したもので、わざわざ職員間の分断を図る制度を導入する必要性がないからだといいます。しかし、総務省が人事評価制度の導入を図る中で、制度の導入が必至となりました。だが、大阪府のような差別的な制度の導入は、労働組合はもちろん当局も賛同しなかったとみられます。

　京都府の人事評価は職務行動評価と目標達成評価で行われますが、前者は「その被評価者に求められる基準」を定め、これを満たしているかどうかで評価され、後者は「当該期間における組織目標達成に向けた努力」であり、「結果」や「成果」ではありません。評価のプロセスでは目標管理など導入しないで、「ふりかえり」としての「自己評価」を重視しています。それと上司が評価（評価面談、フィードバック）を行い、職員一人ひとりが成長するようにさせるというやり方です。ここには「大半の職員はまじめに頑張っている」のだから「人事評価で格差を造らない」という姿勢が色濃く出ているようにみえます。

　このような人事評価と給与とのリンクですが、**図表1-4**がそれを示しています。

　この表で「特に優秀」になる人はほとんどいません。「優秀」は職員の分布率は10〜15％ですが、その該当者は翌年にはさらに難易度の仕事に振り分けられるなど、たえず「優秀」になる保障はありません。もし特定の職員がほかの同僚の職員を出し抜いて給与表の高いランクになれば、チームワークは崩れ、職員間の反目も発生するでしょ

図表 1－4　京都府の人事評価と給与へのリンク

| 成績区分 | 特に優秀<br>(SS) | 優秀<br>(S) | 良好<br>(A) | 良好に準じる<br>(A－) | やや不良<br>(B) | 不良<br>(C) |
|---|---|---|---|---|---|---|
| 昇給号給数 | 10 号給 | 7 号給 | 4 号給 | 4 号給 | 2 号給 | 昇給しない |
| 分布率 | 5％ 以内 | 10～15％ | 85％ | 分布率は設定しない | | |

資料：京都府人事課『新たな人事制度のはなし』2012 年（平成 24 年）12 月などによる。

う。このようなことがないように、この「京都府方式」では全体として 4 号給の適用者が実に 85％ を占めています。4 号給とは、既述のように、標準的昇給者です。職員にあえて格差をつけない方針ですから下位の層にも分布率など設定していません。さらに、能力育成という観点を重視して、評価が上位の者には成績区分の「長期的観点からの調整」という独特なやり方を採っています。これは特定職員が連続して上位成績区分になるという「偏り」の調整です。京都府当局の資料等を参考にすると、それは次のようにまとめることができます。「運用開始から成績区分決定を 5 回程度（勤勉手当：2 年半、査定昇給：5 年）経た時点で、人事課において、個々人の成績区分の状況を点検し、偏りの有無等、この時点で上位の成績区分を受けていない職員については、当該職員が能力をより一層向上・発揮できるよう、その人の所属部署に対して必要な指導も行うように指示する」という運用です。これはそれまで一度も上位の成績区分を受けていない職員を、能力を向上させて上位の成績区分にあてがう措置ですが、誰でも自動的に昇給する「輪番制」ではありません。全体の奉仕者としての公務員の矜持をもち、そのための職員の能力を培い伸長させ、遅れを取り戻す措置ともいえます。

## 一時金（賞与）への反映について

　人事評価の給与へのリンクのもう一つは勤勉手当の成績率への反映

### 図表 1−5　各自治体の勤勉手当の成績率

1　神奈川県勤勉手当の成績率（2019～2020）

| 区分 | 特に優秀 | 優秀 | 良好 | 良好でない |
|---|---|---|---|---|
| 2019 年 | 105／100 | 98／100 | 91／100 | 86／100 |
| 2020 年 | 107.5／100 | 100.5／100 | 93.5／100 | 88.5／100 |

注：2020 年は同年 1 月の賃金確定交渉で妥結。
資料：神奈川自治労連による。

2　大阪府（2020 年 1 月時点の支給月数）

| 相対評価結果 | 二次評価結果 | 勤勉手当の成績率 | |
|---|---|---|---|
| | | 現行 | 見直し案 |
| 第一区分 | S A | 2X ＋ 93.5／100 | |
| 第二区分 | A B | X ＋ 93.5／100 | |
| 第三区分 | ― | 93.5／100 | 93.5／100 |
| 第四区分 | B | 92.3／100 | 87.3／100 |
| 第五区分 | B | 91.0／100 | 86.0／100 |
| | C | 87.3／100 | 82.3／100 |
| | D | 83.5／100 | 78.5／100 |

注：2021 年度以降の勤勉手当に反映する予定。
資料：前出『府職の友』号外。

3　京都府勤勉手当の成績率（2018～2019）

| 区分 | 特に優秀<br>（SS） | 優秀<br>（S） | 良好<br>（A） | 良好に準じる<br>（A−） | 良好でない<br>（B） |
|---|---|---|---|---|---|
| 2018 年 | 1.125 | 1.04 | 0.925 | 0.895 | 0.895 未満 |
| 2019 年 | 1.15 | 1.065 | 0.95 | 0.92 | 0.92 未満 |

資料：京都府人事課「職員通信に掲載する資料」。

です。一般には耳慣れない言葉ですが、公務員には民間のボーナス（一時金）に相当するものとして、期末手当と勤勉手当があります。現在は1年合計 4.5 か月（うち期末手当は年 2.6 か月、勤勉手当は年間 1.9 か月）となっています。人事評価が行われるのはこの勤勉手当部分で

す。これは通常年2回支払われますから、1回分は0.95月となります。ただし、これは標準者の場合で、半期ごとの「実績」評価により、支給率が変わります。

　成績区分ごとの支給割合を「成績率」といいます。**図表1−5の1〜3**は、各自治体の勤勉手当の成績率です。

　人事評価の影響を見る一つの目安として、平均的な職員が受け取る勤勉手当額が、1回分相当（0.95か月）に近いか否かという点でみますと、京都府の「良好」が該当します。つまり、京都府はこの制度を職員間に格差を必要以上に広げないように運営しているといえます。

　その対極にあるのが大阪府です。すでに述べた「職員基本条例」に沿って否応なく決定される「相対評価区分」で、大枠がきまり、さらに「二次評価」でさらに細分化した成績率が区分されます。この図表にある「見直し案」では「第四区分」と「第五区分」支給基準が下げられ、府職労によれば、「第一区分」と「第五区分」の年間の格差は約14万円から約18万円と広がる設計となり、容認できないと批判しています。

　神奈川県の制度はその中間をいくようにみえますが、県職員労働組合は成績率を団体交渉のテーブルに乗せています。これは「公正」を高めようという組合の姿勢の表れでしょう。

## 3　人事評価とどう向き合うか

　今日の自治体の職場では、非正規の職員を含めたギリギリの人員で基本的業務をこなし、それに加えて新たに出てくる課題に必死に対応しています。2011年の震災や大型台風の被害への対応、昨今の新型コロナウイルス対応・対策など非日常的なものだけでなく、自治体独自のイベントなど、「公務員バッシング」などの入る余地がありません。

それどころかその“しんどさ”を知ってか、序章で述べられているように、地方公務員への就職希望者が激減しています。しかし人々が住み、生活し、子育てし、医療や福祉サービスを受けるのは「地域」なのですから、自治体職員がいなければ、この衣食住の基盤である「地域」は回っていきません。

　地方公務員の仕事は民間企業のような利潤追求という基準ではありません。自治体職員は「全体の奉仕者」であり、住民サービスの担い手なのです。また住民サービスの内容は多様ですから、短期的で断片的な業績評価にはなじまず、さらに職員間のチームワークがあって初めて達成できるものです。職員はさまざまな仕事を経験する中で能力を向上させています。だからこそ、人事評価の導入と活用は、形式的にはどの自治体でも目的とされているのですが、「職員の資質・能力・意欲の向上」に合致した制度であるべきです。

## 組合と職員による監視を

　前節で考察した自治体の労働組合は、職員間の差別や分断に反対し、仕事の大切さ、職員としての誇りを持って同僚と働ける環境をつくることが「全体の奉仕者」として不可欠だとしている点で共通しています。しかし自治体によって多様です。職員支配の道具となっているところ、職員の上司と部下のコミュニケーションを通した能力育成の契機として利用しているところ等、多様です。地域の多様性はあってしかるべきですが、不可欠で大切なことは、組合ももちろんですが、職員一人ひとりが人事評価に監視の目を光らせることです。人事評価は「資質・能力・意欲」の向上に資することもできますが、運用を誤ると、職員間の差別や「モチベーション」の低下を引き起す「劇薬」なのです。

　人事評価はそもそも人が人を評価するわけですから、主観性、恣意

性、差別性は免れません。評価手法をいかに工夫しても、それだけでは公正で客観的な評価は困難です。「職員の資質・能力・意欲の向上」に資するものにしていくためには、導入された制度が自治体職員への「公正」「公開」「納得」が担保されているのかどうかを点検し、不十分なら修正させていくことが欠かせません。そのためには次のような視点からの点検が必要です。

## 監視と点検のチェックポイント

　まず第1は、何をどのように評価するのか（評価項目と評価基準）についての点検です。その場合、可能な限り仕事要因を重視し、主観性の入りやすい項目、個人の人格や性格、性別、性的指向、年齢による差別の可能性が高い評価項目（基準）は排除すべきです。どうしても主観性が入りやすい項目に関しては、抽象的なものは避けて、具体的・例示的なものにさせる必要があります。

　第2に、評価の客観性と納得性、公平性を担保させるための制度がどうなっているのかの点検です。さまざまな点検が必要ですが、目標管理制度の運用のルール、面接制度を密室化させない規則やルール、評価結果に関する情報開示のルール、評価者の訓練・研修の強化、記述方式を併用した絶対評価を基本とさせること、相対評価の矛盾を修正するためのルール、下位の分布率を極小化させることなど、細かくなりますが、これら一つ一つについて点検し、不合理なルールは修正させていく必要があります。特に密室での面談はハラスメントの温床になりかねません。そういう視点からの点検も求められます。

　第3に点検すべきは、賃金リンクの問題です。公務の分野で人事評価に基づく給与と処遇が果たして必要なのか、いや可能なのかどうかの本質的な問題はなお厳しく問われるべきですが、法律でリンクを義務づけてしまったわけです。しかし実際問題としてみれば、リンクの

仕方は多様です。どのようにリンクさせているのか、リンクさせる範囲はどの程度か、最高額と最低額の幅はどのくらいか、最低保障給の給与があるのかどうかなど、現場で働く公務員の仕事に報いる制度になっているのかどうか点検をして、不都合なものは修正する労使の協議が不可欠です。

　最後に、人が人を評価することは人権侵害の可能性があります。評価する側はこのことを強く自覚するべきです。人権という視点からは、評価結果についての異議申し立て制度（苦情処理制度）と救済機関があるのかどうか、それが機能しているのかどうかの点検が不可欠です。これが有効に機能するための前提は、人事評価に関する情報が全面的に開示されていなければなりません。また制度があっても機能していないのであれば、機能するような仕組みが必要です。そもそも評価される側の納得性を得るための唯一の道は、評価される側が評価に対して意見表明ができ、また納得できない評価に対しては気軽に相談でき、修正ができる利便性のある制度でなければなりません。査定される側の権利が十分に保障されてはじめて「公正で客観的な」評価が可能なのです。納得のいかない結果についての異議申し立てに際して、組合役員や同僚の同席の権利を保障させる必要があります。また、最終段階としては、行政から独立した第三者機関を制度化させることが考えられるべきではないでしょうか。

　人事評価の導入が義務づけられて5年目に突入しました。それまでの地方公務員が果たしてきた仕事とその労働環境も大きく変わったに違いありません。そのことによって「全体の奉仕者」から「首長への奉仕者」に変わっていないかどうか、住民サービスの低下を招いていないかどうか、仲間たちと集団でこなしている現場に個々人の評価結果で給与が決まる制度が入ってきて不要な混乱がないのかどうか、これらを念頭にして、この5年を機会に総点検が望まれます。

第2章 ┃ 自治体職員の労働時間と
　　　　ワーク・ライフ・バランス

## 1　自治体職員のワーク・ライフ・バランスと
　　　　住民サービス

　仕事と生活が調和したワーク・ライフ・バランス社会とは、①就労による経済的自立が可能で、②健康で豊かな生活のための時間を確保できる、③多様な働き方・生き方の選択ができる（性や年齢にかかわらず、誰もが自らの意欲と能力を持ってさまざまな働き方や生き方に挑戦できる機会が提供されており、育児や介護など生活状況に応じて多様で柔軟な働き方が選択でき、しかも公正な処遇が確保されている）社会です[1]。

　ワーク・ライフ・バランス社会の実現と女性の活躍は安倍政権がうちだした成長戦略の最重要課題ですが、自治体職場では、そのどちらの課題の達成も容易ではありません。住民のニーズの多様化によりますます高い質の仕事を求められてきたにもかかわらず、一般行政部門の定員は、25年前と比べて54万人、2割以上も削減されてきたからです[2]。

　自治体の多くは、正規雇用の定員削減による人手不足を、①労働密度の引き上げ、②恒常的な長時間労働（含む未払い残業）、③非正規職員化、④業務の民間委託という方法で、乗り切ろうとしてきました。その結果、職員のワーク・ライフ・バランスや、住民サービスの提供という点で大きな問題が生じています。

2016 年時点で、全国で 64 万人以上にまで増加していた非正規職員の雇用は不安定です。賃金も最低賃金を少し上回る水準で、経済的自立は困難です[3]。正規職員と違い、休日の増加が収入の減少に直結することも少なくありません。新型コロナウイルス対応でも雇止めや休業補償なしの休業要請というケースなどが生じています。

　正規職員を非正規職員で置き換えていくことは、正規職員の長時間過密労働や不規則労働を促進し、住民が安心して暮らせる行政サービスの提供を危うくしかねません。住民のプライバシーにかかわる事項を含めて適切な情報管理の観点からのアクセス制限もあり、正規職員の業務負担は、非正規職員の増員では必ずしも軽減・解消されないからです。

　また、長時間過密労働は職員の心身に疲労を蓄積し、必要な情報の共有、新たに検討すべき課題への取り組みや、緊急時の対処などに十分な時間を割くことを困難にします。平時に休みを取る余裕のない職場では、災害や感染症拡大などの緊急時に十分な対応体制を構築することは難しくなります。

　同様に、民間委託は公務労働のあり方に新たな風を呼び込む一面もありますが、非正規職員化とあいまって、正規職員の住民との交流機会を減少させ、住民のニーズの取り込みや、経験・情報の継承に支障をきたして、行政サービスの質の低下を引き起こしやすいことにも留意しなければなりません。

　住民が安心して暮らせるまちづくりには、生活者としての感覚や経験が必要です。職場と自宅の往復だけでなく、まち歩きを楽しみ、地元の商店街で買い物をしたり、まちの図書館や書店で本を手に取る時間、子どもの保育園の送迎や学校行事の際に先生や他の保護者たちと会話する何気ない時間の積み重ねは、自治体の仕事をしていくうえでとても大切なものです。

## 2 ワーク・ライフ・アンバランスな自治体職場の実情

　一般に制度がきちんと整っていて定時で帰れると思われている自治体職場ですが、労働基準法第33条第3項の「臨時の必要がある場合においては」、36協定を結ばなくとも時間外勤務をさせることができるという、条文の拡大解釈により、協定により上限を定めることなく、残業や休日労働が行われてきました。また、保育や土木など36協定締結義務のある職場でも、36協定を結んでいない職場が多数見つかり、労働局の指導を受けています。

　過労死水準を超える長時間労働や、時間外勤務手当が支払われないサービス残業など、違法状態やコンプライアンス（法令遵守）上適切とはいえない状況が、各地の自治体のさまざまな部局で生じています[4]。

　加えて、休日・休暇制度などはきちんと整備されているものの、実際には休みにくい、所定の休憩時間も確保しにくいという問題状況に少なからず直面しています。

### 長時間労働と健康問題

　一般的にはワーク・ライフ・バランス職場として知られる自治体職場でも、超長時間労働者は少なからず存在しています。『京都新聞』によると、滋賀県では、2015年度に年間1000時間を超える時間外勤務者が20人も存在し、その職場は、財政課、子ども青少年課、家庭相談センター、総合政策、医療福祉、商工観光労働部、土木交通部など多岐にわたっていました（2016年10月26日付）。2017年1月に滋賀県人事委員会が行った職員アンケートでは、全回答者1813人のうち、2016年一年間を通じて1日あたりの時間外勤務が、毎日2時間以上と回答した者が661人（36.5％）でした。休日勤務を含む時間外労働を行う

頻度をほぼ毎日と回答した者は212人（11.7%）、週のうち半分以上と回答した者は863人（47.6%）に達していました。また京都市人事委員会は、2019年の「職員の給与等に関する報告及び勧告」で、市長部局の総時間外労働時間が3年連続で増加し、年間720時間を超えた職員数が2年連続で増加していることは「極めて憂慮すべき事態」だと指摘しています[5]。残業上限規制違反件数も、8月時点ですでに1000件を超えていました[6]。

　人手不足に悩む女性の多い保育・看護職場でも深刻な労働時間問題が発生しています。あいち保育労働実態調査プロジェクトが2017年に行った労働実態調査では[7]、回答者のうちおよそ4割の人が、ほぼ週5日以上、勤務時間前に「保育準備」、「着替え」、「たまっている業務」、「鍵開け」、「保育室等の環境整備」、「行事準備」等の保育を行う準備作業や事務作業などを行っていることが明らかになりました。さらに、お昼の休憩時間にも、保育に要する業務や文書作成を行わねばならないために、自由に過ごせた時間が「ほとんどない」（22.9%）と「20〜30分未満」（21.1%）の回答割合が合わせて4割にのぼっていました。勤務時間後も「会議や打ち合わせ」（59.2%）を筆頭に、「行事の準備」、「保護者対応」、「翌日以降の保育準備」、「保育記録」等の業務を行っているとする回答割合が4割を超えています。週3日以上残業するという回答は63.0%、残業する日に平均60分以上残業しているという回答が44.8%でした。その上、1か月の間に家に持ち帰って仕事をしたという回答割合が78.0%と4分の3を超え、そのうち半数近くの46.9%の人が月5時間以上自宅で仕事をしているというのです。

　こうした長時間過密労働や不規則労働は、職員の健康を損ない、仕事と家庭生活との間に大きな摩擦や葛藤を生じています。

　前掲滋賀県人事委員会調査では、「今の働き方で、健康に不安を感じる」と回答した者が1034人、回答者の57.0%[8]にのぼっていました

が、この健康不安は多くの職場で現実のものになっています。たとえば、「地方公務員健康状況等の現況」（平成29年度）によれば2017年度の「精神及び行動の障害」による長期病休者数（10万人率）は1409.3人、10年前の1.4倍、15年前の2.8倍達しています。地方公務員の公務災害認定件数も、2000年度から2017年度にかけて、脳心臓疾患は8件（うち死亡2件）から13件（うち死亡6件）、精神障害は2件（うち死亡0件）から31件（うち死亡12件）へと増加しています[9]。

　こうした健康不安を引き起こす長時間労働の陰に残業代未払いの問題が隠されていることも少なくありません。例えば、神奈川県職労連・県職労本庁支部が2018年に3回実施した調査では、残業代の未払いが「ある」は、それぞれ50.7％、37.8％、22.0％[10]であり、未払い残業の存在は明らかでした。


## いまなお難しい家族的責任と女性活躍の両立

　これまで紹介した事例は、全国各地で発生している長時間労働の実態の、ほんの一例にすぎません。厳しい職場の実態のなかで、家族的責任と仕事との両立に悩んでいる職員は少なくありません。

　人手不足を背景にした保育職場には「妊娠順番制」が存在し、順番より早く妊娠した職員がマタハラを受けるという実態は新聞等で大きく報道され、社会問題化しています[11]。

　保育士の高い離職率の背景には、賃金水準の低さだけではなく、未払い残業を含む長時間労働、有給休暇や産休・育休が取りにくいという問題があります。とくに、近年、低年齢児を対象とする小規模公立保育所が増え、いっそう休暇を取りにくくなっています。子どもの参観日、運動会、遠足、親族の結婚式等への参加や看護・介護などのために、事前（時には数か月前）に申請された、本来届出事項であるはずの年次有給休暇が、人手不足を理由に却下されることも少なくあり

ません。少子化が社会問題化し、子どもを産み育てやすい自治体にするために必死に模索する真っ只中で、子育てのプロである保育士たちが自分の子どもを産み育てにくいという状況なのです。そのために保育士の確保がさらに困難になり、少子化にいっそう拍車がかかるという、皮肉な状況が起きています。

　世間の公務員の一般的なイメージとは違って、家事・育児・介護という家族的責任を果たしにくい状況は、実は男性にも広がっています。総務省の「平成30年度地方公共団体の勤務条件等に関する調査結果」では、男性の育休取得率は5.6％、取得期間も半数（51.0％）が1か月以下にとどまっています。男性の育休取得者がまったくいないか、あるいは一人だけという市町村もあります。女性の育休取得率がほぼ100％、取得期間は9か月超が88.4％、1年超でも65.9％ですから、その違いは一目瞭然です。自治体職場の多くは、男性職員が家事育児などの家族的責任を相応に家庭内でシェアしたいと考えても、育児休業や年次有給休暇の申請を躊躇させる、パタハラ職場です[12]。

　ワーク・ライフ・アンバランスな職場の存在、男性と女性の子育てへの参加状況の大きな違いは、女性の活躍を妨げ、女性が管理職に手を挙げづらい状況を生み出します。2019年4月1日現在でも、本庁課長相当職以上に占める女性の割合は都道府県で10.3％、市区町村で15.3％にすぎません[13]。意欲を持ちながらも、多くの女性たちが、家庭生活との両立に悩み、昇進という仕事上のキャリアを断念しています。管理職の長時間労働や昇進時に通勤時間が長くなる職場への配置転換などの労働慣行が、女性たちをますますマミートラックに追い込んでいます。とても女性活躍職場とは言えません。

　女性も男性も、誰もが多様な生き方・働き方を実現できるワーク・ライフ・バランス職場が、いま求められています。

## 3 ワーク・ライフ・バランス職場をつくる

**「働き方改革」「働かせ方改革」でワーク・ライフ・バランス職場の実現へ[14]**

　ワーク・ライフ・バランス職場の実現には、「働き方改革」「働かせ方改革」が必要不可欠です。時間外勤務が減らない理由の筆頭にあげられる業務量に比べての人員不足に対しては、業務量の見直しと適正人員の確保、仕事の進め方等の見直しを同時に進めることが必要です。

　具体的には、①上限時間や割増率の支払いを定めた時間外勤務に関する 36 協定を締結すること、②勤務時間の実態把握と残業時間の上限を月間 45 時間、年間 360 時間に設定すること[15]、③平均残業時間など残業削減目標を設定し残業実態に合わせて割増賃金を支払うこと、④休暇取得や管理職女性比率などの状況把握と目標を設定すること、⑤目標実現に向けて、適正な人員配置、業務の遂行方法や時間のかけ方の見直し（業務の優先順位の付け替えと取捨選択、AI・IT の活用、働く場所や時間の使い方などを含む）などです。個々の職場で有効な施策は異なるため、業務遂行方法の見直しは、時差出勤、直行直帰やテレワークの活用、繁忙期をずらした人事異動、チーム制による仕事の繁閑に合わせた人員配置の変更から、会議日や会議時間の設定の際のワーク・ライフ・バランス配慮[16]、議題の事前告知、資料の事前配付、資料作成の効率化（テンプレートやファイルの活用、集計・分類の自動化等を含む）まで多岐にわたります。

　ワーク・ライフ・バランス職場の実現に向けた組織体制の構築にあたって留意すべき点は、①違法な労務管理・労働慣行をチェックし目標実現のための専門チームをつくること。②専門チームのメンバーに、業務の取捨選択や人員配置権限をもつ職員や重い家族的責任を有する職員を加えること。③管理職だけでなく、一般従業員に対しても労働

時間やマタハラ・パタハラ防止など法令遵守のための研修を実施すること。④管理職の人事評価項目に部下の働き方や時間管理を含め、管理能力に著しく欠ける者は管理職からはずすことなどです。

　ワーク・ライフ・バランス職場の実現には、「働かせ方改革」だけでなく、職員一人ひとりの働き方に対する意識と行動の変革も求められています。将来にわたって生産年齢人口および出産適齢女性が急速に減少することは確実です。①現在さまざまな事情から失業あるいは非労働力化している人々が働ける、②働きながら次世代を産み育てることに躊躇なく踏み切れる、③家族的責任を背負っていても生き生きと活躍できる、このようなワーク・ライフ・バランス職場／社会をつくることは、重要な社会課題です。

**労働組合によるワーク・ライフ・バランス職場実現への取組み**

　労働組合は自治体職場をワーク・ライフ・バランス職場に変えるのに大きな役割を果たすことができます。とくに有効なのは、①アンケートと聞き取り調査からワーク・ライフ・アンバランスな職場の実態を具体的に明らかにすること、②問題解決のための課題を明確にし、要求のポイントを絞り込むこと、③人事委員会を動かし、自治体の首長をはじめ、人事や行政改革の部署などを巻き込むことです。「困っている」人の‘生の声’を大切にし、交渉する際にも、抽象論や一般論ではなく、具体的かつ現実的な改善策の要求を積み重ねることが大切です。

　職場の実態調査とこれに基づく地道で継続した交渉は、未払い残業代の遡及支給や人手不足解消に向けた正規職員の新規採用、定員増など職場の改善につながっています。

　京都府職労連は、2014年6月から毎月「超勤実態調査」を実施し、時間外勤務命令と職場の超過勤務実態のかい離を明らかにしました。それが人事委員会を動かし、「20時までは残業代はつかない」という

慣行を変え、人員増や未払い時間外勤務手当の支給につながります。

　浜松市職労でもまた、幼稚園職場からの長時間残業と未払い残業を訴える声を受けて、2017年に実施したアンケート調査が未払い残業をなくす動きへと展開しています。1か月間だけで2980時間の未払い残業の実態が明らかになり、人事委員会へ指導を要請しました。人事当局の調査の結果、60の幼稚園で働く正規・非正規のほぼ全員にあたる296人に対して、合計で2万4878時間分、総額5534万円の未払い残業手当が支給されることになりました。

　その他にも、長時間労働の主な原因の一つの人手不足解消に向けた取組みを進めている職場も数多くあります。例えば、足立区職労は、多くの保育士が定年前に退職するという事態を契機に、アンケート調査や職場集会を通じて「働き続けられる職場」の実現をめざして交渉を続け、およそ2年分の「未払い残業代」の支給と、8年ぶりの保育士の新規採用を実現しています。愛知県の春日井市職労もまた職場アンケートに基づき切実な職場の声を交渉で取り上げ、12年ぶりに現業職員の採用を実現しています。高知・四万十市でも保育調理員や市営食肉センター作業員の採用が、世田谷区でも学校主事（用務）、保育園給食調理職、土木・公園作業職の採用を約束させるなど、取組みの成果が着実にでています。

　労働組合は働く人たちの生の声に耳を傾け、連帯の力で、ひとつひとつ問題を取り除いて、ワーク・ライフ・バランス職場を実現することができます。組合執行部は男性比率が高く、運動も賃金に片寄りがちなところがありますが、家族的責任を担う女性たち、共働き指向の若年男性、長時間労働者とその家族にとって、労働時間はとても大切な問題です。組合活動でもワーク・ライフ・バランスに配慮し、残業の上限時間、長時間労働者比率、平均残業時間、年休取得率、男性の育休取得率、男性の平均育休期間や管理職女性比率など目標設定とそ

の実現方法について、具体的に要求することが有効です。誰もが幸せに誇りをもって働ける、質の高い住民サービスの提供に貢献できるワーク・ライフ・バランス職場づくりが、いま求められています。

注

1　内閣府「ワーク・ライフ・バランス憲章」2010年。ワーク・ライフ・バランスについては、内閣府内の「仕事と生活の調和」推進サイトに多くの資料が掲載されています。

2　総務省「平成31地方公共団体定員管理調査結果の概要」2019年。

3　総務省「地方公務員の臨時・非常勤職員に関する実態調査結果」2017年。過少就業と低賃金による非正規職員の状況については、第3章を参照。

4　詳しくは、清山玲「地方公務員の労働時間問題の実情と課題」『自治と分権』第71号、2018年を参照。

5　京都市人事委員会「職員の給与等に関する報告及び勧告」2019年、16頁。

6　自治労連「第60回中央委員会一般経過報告」2020年、103頁。

7　本調査の詳細は、URL:https://drive.google.com/file/d/1s8gBT1HvcnCcMeVfinznMI3DSK3Rfx7J/view?usp=sharing を参照（2020年3月20日閲覧）。

8　内訳は、「しばしば感じる」が293人、「時々感じる」が740人でした。

9　厚生労働省「過労死等防止対策白書」各年版。

10　「神奈川県職労連」2018年10月18日付、Vol.1852。

11　たとえば、『毎日新聞』2018年4月1日付の記事では、「『妊娠の順番決め』は守るべきルールか」という見出しで問題提起しています。

12　子育て中の父親への職場等での嫌がらせをさす言葉で、「パタニティ・ハラスメント」の略語です。

13　総務省「地方公共団体における男女共同参画社会の形成又は女性に関する施策の推進状況（令和元年度）」2020年。

14　詳細は、清山玲の前掲論文、65-68頁を参照。

15　予測不能な災害時など特別な場合にも、過労死基準を下回る水準に残業時間の上限を設定することが求められる。

16　会議の設定に際しては、短時間勤務者や土日や祝日に業務があるものの休日をはずした曜日や時間帯にするといった配慮が必要です。

## 第3章

公務公共を担う非正規公務員

## 1 「行政改革」と非正規職員の増加
### ——非正規化する地方自治体

　2005年3月、総務省から「地方公共団体における行政改革の推進のための新たな指針」（以下、「新地方行革指針」）が公表され、地方における「行政改革」の指針が示されました。これに伴い、公務員の定員削減計画などを趣旨とする2005年から2009年までの5年間にわたる「集中改革プラン」の策定が自治体に求められることとなりました。この「新地方行革指針」こそ、地方自治体の正規職員を減少させ、非正規化に拍車をかける契機の一つとなりました。以下では、まず「新地方行革指針」の概要を把握した上で、地方自治体におけるそれ以降の非正規化の状況について確認していくこととします。

### 新地方行革指針
　「新地方行革指針」では、「厳しい財政や地域経済の状況等を背景に、地方公共団体の行政改革の進捗状況に対する国民の視線は厳し」く、「住民と協働し、首長のリーダーシップの下に、危機意識と改革意欲を首長と職員が共有して取り組んでいくことが求められている」としています。具体的な行政改革推進上の主要事項として、①地方公共団体における行政の担うべき役割の重点化、②行政ニーズへの迅速かつ的

確な対応を可能とする組織、③定員管理及び給与の適正化等、④人材育成の推進、⑤公正の確保と透明性の向上、⑥電子自治体の推進、⑦自主性・自律性の高い財政運営の確保、⑧地方議会の8点をあげています。

　これらのうち、③の「定員管理及び給与の適正化等」で職員数の削減が明確に打ち出されているのです。すなわち「抜本的な事務・事業の整理、組織の合理化、職員の適正配置に努めるとともに、積極的な民間委託等の推進、任期付職員制度の活用、ICT化の推進、地域協働の取組などを通じて、極力職員数の抑制に取り組むこと」とされたのです。さらに「定員管理の適正化を計画的に推進する観点から、全地方公共団体において定員適正化計画の中で数字目標を掲げ、これを公表し、着実に実行すること」を提言し、具体的な数値目標として過去5年間の数値である4.6%を上回る削減を求めたのです。

**地方自治体における正規職員の減少と非正規化の進展**

　それでは、「新地方行革指針」以降、地方自治体における正規職員の数はどのように推移したのでしょうか。**図表3−1**は、2000年以降、過去20年間における地方自治体の総職員数の推移をまとめたものです。

　この図表からわかるように、地方自治体における正規職員の数は2000年時点ではおよそ320万人でしたが、2005年には約304万人にまで減少しているのです。「新地方行革指針」が示されて以降の2005年から2009年までの間では、正規職員の減少はさらに加速し、およそ18万7000人減で、2010年時点では281万人となりました。そして2019年には約274万人にまで、さらにその数は減少していることがわかります。

　このように2000年から2019年の20年間において、実に46万人もの正規職員が減っていることとなります。率にして約15%の減少とな

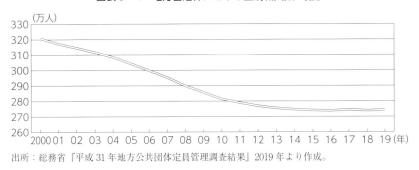

図表 3-1　地方自治体における正規職員数の推移

出所：総務省『平成 31 年地方公共団体定員管理調査結果』2019 年より作成。

図表 3-2　地方自治体における
非正規職員の推移

図表 3-3　職種別・非常勤職員の推移

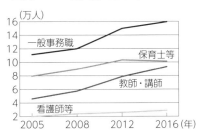

出所：図表 3-2、図表 3-3 ともに総務省「地方公務員の臨時・非常勤職員に関する実態調査結果」2017 年より作成。

　るのです。人口 1 万人当たりの地方公務員の数でみれば、2000 年時点における 250 人から 2019 年では 215 人にまで減っています。

　その一方で、2005 年時点において、約 45 万 5000 人だった非常勤職員は、2016 年には 64 万人を超え、この間におよそ 20 万人増加しています（**図表 3-2**）。およそ 5 人に 1 人近くが非正規職員ということになるのです。

　その内訳を若干、詳しくみておくこととしましょう（**図表 3-3**）。2005 年には、一般事務職の非常勤職員は、11 万 2000 人でしたが、2016 年には 15 万 9000 人で 4 万 7000 人の増加となっています。それだけではありません。教師・講師は同じ期間において 4 万 6000 人から 9 万

2000人にほぼ倍増し、保育士等は7万9000人から9万9000に増え、そして看護師等は2万1000人から2万8000人に増加しています。ここでぜひとも強調しておきたいのは、専門的な知識・技能が必要とされる職においてすら、非正規が拡大している点です。いま全国の地方自治体の正規職員の絞り込み（減少）が激しく進められ、同時に非正規が拡大していること、そしてその非正規の職員によって公務公共サービスが支えられているのです。このことを看過してはなりません。

## 2　会計年度任用職員制度

　前節でみたように地方自治体で非正規化が進むなか、2020年4月から会計年度任用職員制度が始まりました。会計年度任用職員制度とはどのような制度なのでしょうか。また同制度にはどのような問題点があるのでしょうか。

### 会計年度任用職員制度と2つの基準

　公務員の採用（任用）はすべて法律に基づいて行われます。これまでは、正規職に欠員が生じた場合や緊急・臨時などの理由（根拠）がある場合に6か月～1年という有期で採用できることになっていました（特別職非常勤職員、臨時的任用職員など）。しかし実際にはこの法律を「柔軟」に適用して非正規を増やしてきました。ところが非正規の急増でこうした対応では追いつかなくなってきたので、新たに「会計年度任用職員」という制度を法制化したのです。

　それは2017年5月に「地方公務員法及び地方自治法の一部を改正する法律」として登場しました。この改正法では任用における適正化が強調され、同時に、非正規の受け皿として新たに「会計年度任用職員」を設けたのです（2020年4月施行）。つまり、これまでの専門職

図表 3−4　常勤・非常勤の概念整理と「会計年度任用職員」の位置づけ

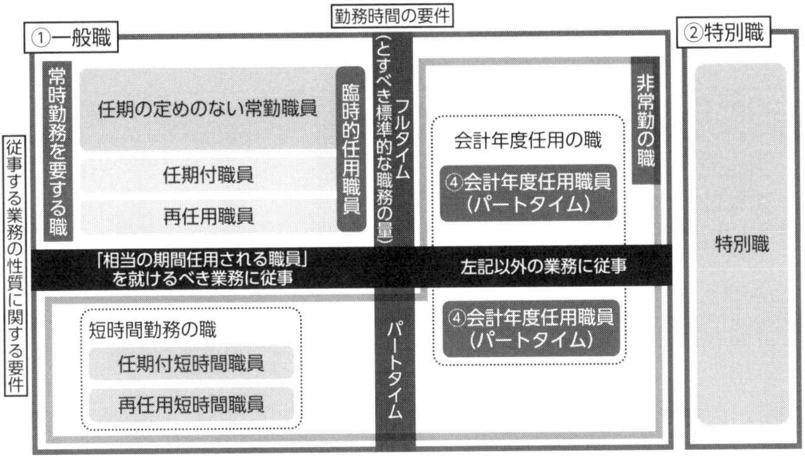

出所：総務省「資料1 各地方公共団体からの意見等」地方公務員の臨時・非常勤職員及び任期付職
　　　員の任用等の在り方に関する研究会、第9回（2017年）配付資料より転記の上、一部加筆。

としての「特別職」や欠員が生じた時の「臨時的任用」などの任用要
件を厳格化して、この要件を満たさない人たちを会計年度任用職員と
して任用しようというわけです。

　図表3−4は、総務省から発行された「会計年度任用職員制度導入等
に向けた事務処理マニュアル（第1版）」などで示されている図です。
この図では、①「『相当の期間任用される職員』を就けるべき業務」であ
るかどうか、また②「フルタイム（とすべき標準的な職務の量）」かど
うかの2つの基準が設定され、これらの2つの基準から会計年度任用
職員制度が説明されています。これらの区分のうち「フルタイム（と
すべき標準的な職務の量）」があり、「『相当の期間任用される職員』を
就けるべき業務」の場合には、図表左上の「常時勤務を要する職」の
扱いになります。その一方で「『相当の期間任用される職員』を就ける
べき業務」ではあるが、標準的な職務の量がフルタイムに満たないも
のが短時間勤務の職（図表左下）に括られることとなります。会計年

度任用職員制度では、「『相当の期間任用される職員』を就けるべき業務」ではないものが、すべて会計年度任用の職ということになります。そして、その職の標準的な職務の量がフルタイムの量を満たすものが、フルタイム会計年度任用職員の職となり、標準的な職務の量がフルタイムに満たないものが、パートタイム会計年度任用職員の職ということになります。少々複雑にみえますが、要するに、「『相当の期間任用される職員』を就けるべき業務」かどうかが会計年度任用職員を画する基準であり、その意味で、この基準が会計年度任用職員制度において非常に重要な尺度になるのです。

## 会計年度任用職員制度の問題点

　それでは会計年度任用職員制度の問題点は、どのような点にあるのでしょうか。指摘しなければならない論点はいくつかありますが、2つの点だけを挙げておきましょう。

　第1に、上に述べた会計年度任用職員かどうかを決める基準（「『相当の期間任用される職員』を就けるべき業務」）の尺度が、非常に不明瞭で曖昧である点です。この尺度は、実は明示的にその内容が示され、その範囲が定められているものではありません。このことは、総務省マニュアルで、「各地方公共団体において、業務の性質により、個々の具体的な事例に則して判断されるべきものである」とされていることからも明らかです。つまり、地方公共団体ごとに判断が委ねられており、その線引きは各自治体によって異なってくるということです。問題はこの線引きの相違は、全体としてどのように作用するのかという点です。例えばある自治体で会計年度任用職員の職として扱っていなかった職が、他の自治体では会計年度任用職員の職に括られている場合、すでに先例が存在するということになります。そのため、その自治体でも会計年度任用職員の職に括りやすくなります。こうなると正

規職員を削減して、当局にとって任用が自由な会計年度任用職員に流れることになり、尺度があってないかのごとく作用することとなります。

　第2に、近年における「働き方改革」の政策からの逸脱です。周知のように、2020年4月から「同一労働同一賃金」が施行されました。これは、さまざまな雇用形態の相違にかかわらず、同じ仕事をしていれば同じ賃金を支払うことを趣旨としています。しかし、会計年度任用職員制度では、フルタイム会計年度任用職員については、給料、旅費、地域手当など一定の手当が支給対象とされているのですが、パートタイム会計年度任用職員の場合には、それとは異なる仕組みで、報酬、費用弁償、期末手当のみが支給対象とされています。すなわち、フルタイム会計年度任用職員とパートタイム会計年度任用職員の相違は、たとえ同じ労働あってもそこには差別的取り扱いが許容されてしまうことになっているのです。これは今日の「働き方改革」の流れとは逆行するものとなっています。


## 3　「雇用劣化」の自治体現場
### ──非正規職員の現実

**非正規職員の処遇─不安定な雇用と差別的待遇**

　すでに述べられているように、地方自治体の非正規職員は増加し続けており、私たちの生活を支えるさまざまな公共サービスの重要な担い手となっています。しかしこの非正規職員の待遇には多くの問題があります。**図表3-2**と**3-3**で使用された総務省の2016年調査「地方公務員の臨時・非常勤職員に関する実態調査結果」（総務省、2017年）を参考に、この点を簡単にみてみましょう。

　非正規職員への置き換えが進む最大の理由は、なんといっても人件

費の圧縮ですが、非正規の賃金は、事務職員の時給平均で845〜1040円となっています。時給平均額をフルタイム換算して年収に換算してみますと、なんと正規職員の平均年収額の3分の1から4分の1という低さなのです。

　また非正規職員の中でも常勤の「臨時職員」を悩ませる問題の一つとして、「空白期間」の問題があります。「空白期間」とは、いったん任用された任期と新たな任期との間に、一定の勤務しない期間を設けることです。調査では、事務補助職員の「臨時職員」を任用している1258団体の約半数の588団体で空白期間を設定しています。「臨時職員」と呼ばれる非正規職員は、空白期間を繰り返しながら非常に不安定な雇用を強いられています。

　各種休暇の制度状況についてはどうでしょうか。正規職員であればすべて有給の休暇でも、非正規職員の場合は無給のものが多くなっています。特に「臨時職員」と呼ばれる職員については、各種休暇の未整備状況が際立っており、産前産後休暇は6割未満、育児時間休暇は5割に満たない状況です。多くの非正規公務員は、収入が途絶える中で、妊娠・出産し、育児に従事せざるを得ない状況に置かれているのです。

### 岡山市の公立保育園を事例に

　それでは非正規職員の実際を具体事例（ここでは岡山市の公立保育所）でみてみましょう。

　総務省の数値に依拠して計算すれば、保育士の非正規依存率は全国平均で4割を超えています。依存率が高い職種なのです。岡山市では、2007年度から3年間にわたって新規採用が凍結され、正規職員の定員削減が進められてきました。このことにより、10年間で正規職員は783人減少した一方で、非正規職員は840人増加することになり、2015

年の非正規雇用比率は 29.4％ になりました。岡山市の公立保育所では 2015 年時点でフルタイム雇用の「臨時保育士」が、正規を含めた常勤職員のうちに占める割合は 42.1％ となっています。

　フルタイム勤務の「臨時保育士」は、正規職員と同様にクラス担任に位置づけられていますが、担当しているクラスの子どもに関わる限りでは、職務範囲に大きな違いはありません。保護者等に関わる対外的な業務など、「責任」の重いとされるものは正規職員が担うとされていますが、ベテランの「臨時保育士」が、経験の浅い正規保育士、「臨時保育士」の指導・育成も期待され、実際に指導を行うこともあります。

　労働時間の面をみても、岡山市の「臨時保育士」は、勤務時間帯や延長保育対応など、正規職員と全く同じ負担を負っています。そればかりか正規職員が週 42 時間労働と規定されているのに対して、それより 4 時間長く勤務する慣例となっています。それであっても「臨時保育士」の時間外手当は勤務時間通りには支払われておらず、持ち帰り残業も多いということでした。

　ここからみえてくることは、量的にも質的にも保育の中心を担っているのは非正規職員だということです。非正規の保育士なしに保育園が回っていかない現実があります。

　次に待遇面をみてみましょう。

　岡山市の非正規の保育士は、1 年の雇用期間が定められています。**図表 3 - 5** は、「臨時保育士」12 年目である A さんのこれまでの経歴を示したものです。A さんは、2004 年に採用されてから 12 か月勤務した後、翌年 2 月には 1 か月間「パート保育士」に雇用形態を切り替える形をとり、再び 2005 年の 3 月から「臨時保育士」として再度任用され、調査時点の 2016 年 2 月まで毎年更新を重ねています。

　このように、「臨時保育士」は、量質ともに正規職員と大きくは変わ

図表3-5　岡山市「臨時保育士」の継続就業の実態（12年目、Aさんのケース）

| 西暦 | 4月 | 5月 | 6月 | 7月 | 8月 | 9月 | 10月 | 11月 | 12月 | 1月 | 2月 | 3月 |
|---|---|---|---|---|---|---|---|---|---|---|---|---|
| 2004年 | 採用前 | | | | | | | | | | 臨時保育士 | |
| 2005年 | 臨時保育士 | | | | | | | | | | パート | 臨時保育士 |
| 2006年 | 臨時保育士 | | | | | | | | | | | パート |
| 2007年 | 臨時保育士 | | | | | | | | | | | |
| 2008年 | パート | 臨時保育士 | | | | | | | | | | |
| 2009年 | 臨時保育士 | パート | 臨時保育士 | | | | | | | | | |
| 2010年 | 臨時保育士 | | パート | 臨時保育士 | | | | | | | | |
| 2011年 | 臨時保育士 | | | パート | 臨時保育士 | | | | | | | |
| 2012年 | 臨時保育士 | | | | パート | 臨時保育士 | | | | | | |
| 2013年 | 臨時保育士 | | | | | パート | 臨時保育士 | | | | | |
| 2014年 | 臨時保育士 | | | | | | パート | 臨時保育士 | | | | |
| 2015年 | 臨時保育士 | | | | | | | パート | 臨時保育士 | | | |

注：白い帯の部分は「パート保育士」であった時期、網掛けの帯の部分は「臨時保育士」であった時期。

出所：著者作成。

らない働き方をしているのに、ブランクを繰り返しながら数年以上働き続ける非常に不安定な雇用を強いられているのです。

　次に、賃金についてみてみましょう。「臨時保育士」の賃金は、日給制で、日額7510円となっています。そして、昇給、一時金、退職金の制度もありません。岡山市の2015年度の一般行政職の正規職員の平均給与月額は46万2069円（平均給料月額は35万5000円、平均年齢45.1歳）ですが、「臨時保育士」の賃金水準では、月当たりの支給総額で19万円程度であり、正規職員と比較すると大きな格差があります。

　また、「臨時保育士」は、ブランクを繰り返しながら働き続けるために、雇用だけでなく、収入面においても安定しない状況にあります。「臨時保育士」は1年のうち1か月間は「パート保育士」への雇用の切り替えをしなければならないため、「パート保育士」の間の賃金が低くなってしまうのです。それに加えて、「パート保育士」に切り替えている期間だけ、社会保険を切り替える必要があり、社会保険料も賃金から支払わなければなりません。さらに、「臨時保育士」は、6月と12月の年2回一時金の支給がされていますが、「臨時保育士」として

の採用時期によって、実質的には一時金支給は夏冬どちらか一方しかなされないという運用になっています。

　以上のように、岡山市の「臨時保育士」は、職務上は公立保育園においてクラス担任として保育を担い、さらに若手の保育士に対する指導をも担う基幹的存在として位置づけられています。また、勤務時間の面では、実質的に正規保育士よりも長い週46時間勤務が義務づけられています。しかし、労働条件の面では、雇用と収入がきわめて不安定であり、子どもの発達を担う専門職の役割を果たすにはあまりにも劣悪な処遇のもとに置かれています。こうして園児が毎日接する保育士たちの半数近くは、正規職員とは大きな格差があり、きわめて低い待遇で懸命に働いている非正規職員の人たちなのです。

### 求められる抜本的な改善

　地方自治体に勤務する非正規職員が、格差の根拠が説明できないような低い労働条件と不安定な雇用におかれていることは改善すべき深刻な問題です。

　地方自治体における非正規職員の増加は、低賃金・不安定なワーキングプアの増大に直結します。会計年度任用職員制度の施行を控えた2020年3月、新型コロナウイルス感染症の拡大防止のため、学校の一斉休校やイベントの自粛などの対策が行われましたが、それに伴って、収入がない、仕事を失った、内定を取り消されたなどの労働者の悲痛な実態が明らかになっています。これらの弊害が最も厳しく現れるのが非正規労働者であり、自治体で働く非正規職員にも多くの影響が生じています。また、一斉休校は、地域の公衆衛生を支える公共サービスや、地域の女性の就労継続をバックアップする保育所・学童保育の存在意義を浮き彫りにしましたが、これらの事業の担い手の多くは非正規職員なのです。私たちの日常生活を支える労働が非正規化してい

くことによって、サービスの質が劣化し、地域社会の再生産が脅かされているのです。抜本的な改善が必要です。

## 4　広がる民間委託とその問題点

### 拡大する民間委託

　自治体の職場では、職員の非正規化に留まらず、民間委託も進んでいます。

　政府は、積極的に民間委託の活用を各自治体に促しています。例えば、総務省「地方行政サービス改革の推進に関する留意事項」（2015年）は、「今後、地方公共団体においては、BPR（Business Process Re-engineering）の手法及びICTを徹底的に活用して業務の標準化・効率化に努めるとともに、民間委託等の積極的な活用等による更なる業務改革の推進が必要であり、そこで捻出された人的資源を公務員が自ら対応すべき分野に集中することが肝要である」と述べています。

　では、民間委託はどのくらい進んでいるのでしょうか。それについては総務省作成資料の**図表3−6**をみてください。

　これは市区町村（政令指定都市は除く）にある各仕事が、どれだけ民間委託されているかを表しています。これをみますと、「本庁舎の清掃」（99.6％）や「本庁舎の夜間警備」（98.1％）など多くの仕事が9割台の高さで民間に委託されていることがわかります。

### 静岡県島田市の例

　こうした民間委託化の流れは、2020年4月1日から会計年度任用職員制度が開始されたことで、さらに加速するものと思われます。会計年度任用職員には期末手当等を支給する必要もあり、これまでの非正規公務員より人件費がかさむことが予想されるからです。

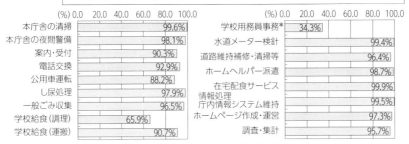

図表 3－6　民間委託（事務事業）の実施状況（委託実施団体の比率）

| 市区町村 | ○市区町村における委託実施状況は以下のとおりです。<br>○業務量が少ないため、専任職員を配置せず、非常勤職員等で対応している団体を除いた比率となります。 |

(%)0.0  20.0  40.0  60.0  80.0  100.0

| | |
|---|---|
| 本庁舎の清掃 | 99.6% |
| 本庁舎の夜間警備 | 98.1% |
| 案内・受付 | 90.3% |
| 電話交換 | 92.9% |
| 公用車運転 | 88.2% |
| し尿処理 | 97.9% |
| 一般ごみ収集 | 96.5% |
| 学校給食（調理） | 65.9% |
| 学校給食（運搬） | 90.7% |

(%)0.0  20.0  40.0  60.0  80.0  100.0

| | |
|---|---|
| 学校用務員事務* | 34.3% |
| 水道メーター検針 | 99.4% |
| 道路維持補修・清掃等 | 96.4% |
| ホームヘルパー派遣 | 98.7% |
| 在宅配食サービス | 99.9% |
| 情報処理 庁内情報システム維持 | 99.5% |
| ホームページ作成・運営 | 97.3% |
| 調査・集計 | 95.7% |

※全団体を分母とし、学校用務員の業務の全部又は一部を民間委託している団体及び全部又は一部に非常勤職員を配置している団体を分子とした場合の割合は 90.8%。

| 委託率（%）【算出方法：委託実施団体数÷事業実施団体数（「全部直営かつ専任職員無し」除く）×100】 |

筆者注：委託率の分子には、事務の一部を委託している団体も含まれている（2019 年 3 月 25 日に
　　　　総務省行政支援室に電話で確認）。
出所：総務省「地方行政サービス改革の取組状況等に関する調査等（平成 30 年 3 月 28 日公表）」
　　　（https://www.soumu.go.jp/iken/02gyosei04_04000088.html）2020 年 3 月 5 日閲覧。

　例えば静岡県島田市では、任用している嘱託員・臨時職員の人数が 2018 年度は 502 人いて、この人件費は総額 8 億 8199 万 7367 円かかっていました（**図表 3－7** 参照）。この 502 人を 2020 年 4 月に会計年度任用職員にした場合、島田市の試算では、人件費が総額 12 億 3960 万 19 円に高まります。そのため、島田市は、この 502 人の嘱託員・臨時職員と彼らの業務を一括して民間委託しようとしました。島田市の試算では、民間委託の委託費用は 11 億 3429 万 4669 円であり、会計年度任用職員にするよりも金額を抑えることができるからです。

　『朝日新聞』（2019 年 12 月 2 日付）によると、島田市の委託案については労働組合などが反対し、2019 年 3 月の議会で退けられました。しかし、島田市は窓口業務など一部に限って委託する条例案を同年の 9 月議会に提出し、これは可決されました。

図表3-7　2018年当時、島田市が任用していた嘱託員・臨時職員の
　　　　　人員数・平均賃金額・人件費総額

| | ①：2018年度予算 | ②：会計年度任用職員へ移行 | ③：包括委託 |
|---|---|---|---|
| A：人数 | 502人 | 502人 | 502人 |
| B：人件費（③のみ合計価格） | 8億8199万7367円 | 12億3960万19円 | 11億3429万4669円 |
| C：平均賃金（年額） | 175万6966円 | 246万9322円 | 225万9551円 |

・人件費には通勤手当相当額、社会保険料等を含む。
・合計価格には委託料及び消費税を含む。
＊③Cは、市が負担する委託社員1人あたりの委託料。
原出所：島田市提供資料「現在島田市が任用している嘱託員・臨時職員の人員数・平均賃金額・
　　　　人件費総額」
出所：山縣宏寿氏の「人事給与研究会」（自治労連・地方自治問題研究機構、2019年2月17日）
　　　における報告資料から筆者作成。

## 行政サービスの低下

　自治体がなぜ民間委託を行うのかといえば、費用を削減することを
狙っているからです。一般競争入札によって、一番低い価格を提示し
た企業が業務を落札します。そして、業務を受託した企業は、委託料か
ら、できるだけ多くのマージンを取ろうとします。これらの結果、委
託労働者の労働条件は極めて低劣なものになってしまうのです。

　労働条件の悪化は、労働内容の低下（住民にしてみれば行政サービ
スの低下）を招かざるを得ません。特に、民間委託を行うと、自治体
職員と委託労働者とで、仕事に関して直接やりとりすることができな
くなるという問題があります。自治体職員が委託労働者に仕事を教え
たり、委託労働者が自治体職員に質問することができません。その仕
事は、委託企業にすべて任されたので、あとは委託企業が自分の責任
で仕事を遂行しなければならないのです。もし、自治体職員と委託労
働者が直接やりとりすると、それは職業安定法違反の「偽装請負」と
して違法行為になるからです。

　国民健康保険課の窓口業務を民間委託した、首都圏のある自治体に

ヒアリング調査（2018年）した時のことです。自治体職員のヒアリングを終えた後、国民健康保険課の委託現場を実際に案内してもらいました。窓口とバックオフィスとの間は衝立で仕切られており、委託労働者と自治体職員とは接触しないようになっていました。ところが、私たちの目の前で、委託労働者に呼ばれた職員が、衝立を越えて窓口に出て対応するということが起きました。案内していた職員は、「普段は職員が衝立を越えることはないが、今回は窓口に来た人が今にも怒りそうだったから、やむなく職員が対応した」と述べていました。

　実際の委託現場を見ながら、住民と接する大変な業務を委託労働者に任せていることへの違和感を覚えました（ただし、実際には自治体職員が出て対応せざるを得ません）。また、窓口業務は大変な業務であると同時に、自治体職員が住民と接することができる大切な業務であるのだとも感じました。市民がどのようなことに困っているのか、どのような状況の市民が自分たちの自治体で暮らしているのかを、把握できるまたとない機会なのです。

　窓口業務をマニュアル業務と捉えるのであれば、自治体業務から切り離して民間委託することも可能なのかもしれませんが、住民のニーズを受け止めて、それを政策・行政に反映していこうとするならば、自治体業務から切り離すことはできません。さらに、現在では、ニーズを受け止めるだけではなくて、積極的に住民のニーズを掘り起こして解決していく役割が自治体には求められています。例えば、国民健康保険料を滞納して短期被保険者証の発行のために国民健康保険課の窓口を訪れる住民がいたとすれば、その他に滞納しているもの（住民税、子どもの給食費、市営住宅の家賃、国民年金など）がないかを尋ね、そうした支払いを猶予・減免できないか、生活保護を受けることができないか等を考えます。さらには、滞納せざるを得なくなった原因（失業、離婚、病気、事故、詐欺被害など）についても親身に話を

聞き、その問題を解決して生活再建に至る方法を模索・提示していくことが必要です[1]。そのようなことを行うためには、さまざまな部署や同じ部署の職員同士が、忌憚なく情報を交換・共有できる職場環境が作られていなければ難しいでしょう。民間委託によって職員同士に分断が図られている現状では、そうした職場環境の構築は困難だといわざるを得ません。職員にとっても住民にとっても抜本的な改善が求められます。

## 5　非正規公務員の待遇改善

### 非正規職員の待遇改善

　これまで、非正規職員にはパート労働法や労働契約法が適用されず、労働者としての権利は十分に保護されないまま放置されてきました。2020年4月1日に施行された会計年度任用職員制度によって、期末手当（賞与）の支給や育児休業法が適用されるなど、一定の待遇改善の見通しが示されています。しかし、2節で述べられたように、この法改正にも、多くの問題があります。

　それでは、非正規公務員の待遇改善の道をどのように考えればよいのでしょうか。2020年4月からいよいよ「非正規の不合理な待遇改善」を盛り込んだ「パートタイム・有期雇用労働法」が施行しました。短時間・有期雇用労働者の不合理な待遇の相違や差別的取り扱いを禁じることになったのです。そもそもこの趣旨は、「同一労働同一賃金原則」に基づき、正規・非正規間の格差を是正するということです。しかし残念なことにこの法律は公務員には直接適用されません。それだけでなく会計年度任用職員制度では、フルタイムとパートの2種類の会計年度任用職員を位置づけ、処遇を違えるという考え方がとられています。正規職員と同等の勤務時間（週38時間45分）未満のパート

は、1分でも短ければパートタイム会計年度任用職員として処遇され、フルタイム会計年度任用職員には保障される扶養手当や退職手当等の手当は支給除外となるのです。勤務時間の長短を根拠に、支払う給与の種類を違えることは、明らかに「同一労働同一賃金の原則」に反しています。上に述べた「非正規の不合理な待遇改善」とはまったく逆行するのです。民間で禁止されていることが公務では野放しになっていることは看過できません。

　また、3節で述べたように、非正規公務員にとって最大の課題は、不安定な雇用の問題です。この雇用の不安定さは、官民問わず、非正規労働者に共通の深刻な課題でした。しかし2018年4月から、有期労働契約が反復更新されて通算5年を超えた場合、労働者の申込みによって、期間の定めのない無期労働契約に転換するルールが施行されました（労働契約法第18条）。ところがこの法律は、民間企業だけに適用され、公務員には及ばないのです。それだけでなく、改正地公法はこの問題について何も改善していません。地方自治体は、非正規職員を何年継続して雇用していても、無期雇用への転換は義務づけられないのです。つまり、恒常的な業務に従事させているにもかかわらず、その有期雇用を繰り返し更新し、雇止めを行うことが可能となっているのです。民間企業では、この無期転換ルールの適用を逃れるために、5年直前に雇い止めをするところが出たのですが、それをめぐって各地で裁判が争われ、相次いで「雇い止めは無効」との判決が出ています。このようにみると、民間部門での格差是正の動きと比べると、公務の分野は酷く遅れています。

　非正規公務員の待遇を改善するには、短期的には、改正地公法の枠組みの中で各自治体の条例で会計年度任用職員の待遇について具体的にどこまでの改善がなされるのか注視し、改善できるところは改善する取り組みをしていく必要があります。さらに長期的には、民間では

どのような企業でも義務づけられているパート労働法や労働契約法に準じて、地方公共団体の使用者にも義務づけるようにしていくことが必要です。

非正規職員の待遇改善に向けて労働組合の役割が重要です。

2020年3月、新型コロナウイルス感染症の拡大防止のための学校の一斉休校により、自宅待機中となった非正規職員への休業補償がなされないなどの事態が発生しています。兵庫県三田市の給食調理員労働組合は、労働者が安心して休業できる休暇制度の運用と、臨時職員には休業中の給与支給はできないとした市の「提案」の撤回を求めた結果、提案の撤回のみならず臨時職員に対する小学生の子どもの世話などに係る休暇（有給）の付与などを実現させました。災害などの非常時には、立場の弱い非正規労働者の雇用や労働条件に大きな影響が及びます。住民の安全を守るためにも、行政サービスの前線を担う非正規職員の待遇改善のためにも、公務の現場で働く労働組合の取り組みが何よりも求められています。

## 委託労働者の待遇改善に向けて

民間委託の広がりに対して、自治体職員の労働組合はどのように対応すべきでしょうか。まず、民間委託の動きに反対することが基本です。民間委託が避けられない場合は、委託労働者を組織化し、彼らの労働条件を維持・向上させるために積極的に取り組むことが重要です。

埼玉県B市では、市立の小学校と中学校で働く校務員はすべて委託労働者ですが、この委託校務員たちで労働組合（B市学校校務員労働組合）が作られていました（2013年のヒアリング調査当時）。その労組は、委託校務員のボーナスが切り下げられたことで、B市職員労働組合に相談してきたことがきっかけで2000年に結成されたのです。委託会社との交渉は、自治労連埼玉県本部の担当者も参加して、校務員

労組と一緒に交渉するというスタイルがとられていました。また、会社と交渉をしても、会社には委託料の範囲でしか回答することができないため、どうしても実際に予算を握っているB市の教育委員会と交渉する必要が出てきますが、校務員労組は教育委員会とも実質的な交渉をしていました。この時も、県本部の役員が校務員労組の特別執行委員という立場で、交渉に参加していました。このように自治体職員労組の支援を受けながら、校務員労組は受託企業の変更に伴う継続雇用の確保や、基本給のアップを勝ち取ったのです[2]。自治体の労組と委託労働者との結びつきの重要さを示しています。

民間委託において受託業者を決める方法は一般競争入札が原則ですが、これでは最も安い価格を提示した業者が業務を落札することになります。その結果、受託業者で働く委託労働者の労働条件はどんどん低下していくことになります。この状況に歯止めをかけ、委託労働者の労働条件を維持・向上させていくために入札方法を改善していくことも労働組合にとっては重要です。入札の改善方法として、いま大きな注目を集めているのが公契約条例の制定です。

公契約条例とは、自治体業務を受託した企業は、自治体が決めた金額以上の賃金を労働者に支払わなければならないとする条例のことです。2009年9月に日本で初めて千葉県野田市で公契約条例が制定されて以降、「賃金下限規制」を含んだ公契約条例は2019年9月末現在で23自治体に広がっています[3]。例えば、東京都千代田区の公契約条例を見ると、**図表3-8**のように職種別に賃金下限額が定められています。賃金下限額の最低額は1077円であり、この金額は東京都の最低賃金1013円（2019年度）より64円高くなっています。

公契約条例の賃金下限額を高めることは、委託労働者の賃金水準を高めることになります。その地域で自治体から仕事を受注している企業は少なくないでしょうから、賃金下限額の上昇は、広範囲の委託労

## 図表 3-8　千代田区公契約条例の賃金下限額（2019年度）

(1)　工事又は製造の請負契約の賃金下限額

単位：円（1時間当たり）

| No. | 職種 | 賃金下限額 | No. | 職種 | 賃金下限額 |
|---|---|---|---|---|---|
| 1 | 特殊作業員 | 2632 | 27 | 普通船員 | 2501 |
| 2 | 普通作業員 | 2295 | 28 | 潜水士 | 4405 |
| 3 | 軽作業員 | 1643 | 29 | 潜水連絡員 | 3035 |
| 4 | 造園工 | 2306 | 30 | 潜水送気員 | 3013 |
| 5 | 法面工 | 2915 | 31 | 山林砂防工 | 2926 |
| 6 | とび工 | 2936 | 32 | 軌道工 | 4850 |
| 7 | 石工 | 2969 | 33 | 型わく工 | 2795 |
| 8 | ブロック工 | 2752 | 34 | 大工 | 2752 |
| 9 | 電工 | 2774 | 35 | 左官 | 2969 |
| 10 | 鉄筋工 | 2958 | 36 | 配管工 | 2491 |
| 11 | 鉄骨工 | 2762 | 37 | はつり工 | 2697 |
| 12 | 塗装工 | 3035 | 38 | 防水工 | 3219 |
| 13 | 溶接工 | 3252 | 39 | 板金工 | 2991 |
| 14 | 運転手（特殊） | 2588 | 40 | タイル工 | 2480 |
| 15 | 運転手（一般） | 2143 | 41 | サッシ工 | 2752 |
| 16 | 潜かん工 | 3230 | 42 | 屋根ふき工 | 1805 |
| 17 | 潜かん世話役 | 3818 | 43 | 内装工 | 2969 |
| 18 | さく岩工 | 3219 | 44 | ガラス工 | 2675 |
| 19 | トンネル特殊工 | 3165 | 45 | 建具工 | 2643 |
| 20 | トンネル作業員 | 3610 | 46 | ダクト工 | 2426 |
| 21 | トンネル世話役 | 3513 | 47 | 保温工 | 2458 |
| 22 | 橋りょう特殊工 | 3230 | 48 | 建築ブロック工 | 2545 |
| 23 | 橋りょう塗装工 | 3350 | 49 | 設備機械工 | 2501 |
| 24 | 橋りょう世話役 | 3698 | 50 | 交通誘導警備員A | 1653 |
| 25 | 土木一般世話役 | 3675 | 51 | 交通誘導警備員B | 1436 |
| 26 | 高級船員 | 3165 | | | |

(2)　工事又は製造の請負以外の請負契約及び業務委託契約の賃金下限額

単位：円（1時間当たり）

| 職種 | 賃金下限額 |
|---|---|
| 警備員 | 1305 |
| 保全管理員 | 1762 |
| 清掃員 | 1094 |
| 介護職 | 1085 |
| 栄養士 | 1407 |
| 保健師 | 1447 |
| 看護師 | 1447 |
| 上記以外 | 1077 |

(3)　指定管理協定の賃金下限額

単位：円（1時間当たり）

| 職種 | 賃金下限額 |
|---|---|
| 警備員 | 1305 |
| 保全管理員 | 1762 |
| 清掃員 | 1094 |
| 介護職 | 1085 |
| 栄養士 | 1407 |
| 保健師 | 1447 |
| 看護師 | 1447 |
| 上記以外 | 1077 |

出所：千代田区のホームページ https://www.city.chiyoda.lg.jp/koho/kuse/nyusatsu/documents/h31-kagen.pdf から作成。2020年3月4日閲覧。

働者たちに大きな影響を与えます。さらに、自治体が設定する賃金下限額は、他の企業も無視するわけにいきませんので、その地域の賃金相場を規制する役割を果たすことになります。このように、公契約条例の制定や賃金下限額の上昇を求める運動は、直接的には委託労働者の労働条件に関係する事柄ですが、その地域に暮らすすべての労働者の労働条件を底上げする取り組みでもあるのです。

注
1　積極的にニーズを掘り起こす自治体のあり方については、『季刊自治と分権』71号（2018年）の山仲善彰・滋賀県野洲市長のインタビューから示唆を得ました。
2　詳しくは、戸室健作「自治体委託労働者の労働実態と労働組合の取り組み」『山形大学紀要（社会科学）』45巻1号、2014年参照。
3　全労連・労働総研編『2020年国民春闘白書』学習の友社、2019年、32-33頁。

# AI・ロボティクス時代の自治体職員
—— スマート自治体批判

## 1　AI・ロボティクスと公務労働

　いま国と財界あげて地方自治体のあり方を大きく変えようとしています。2018年に発表された「自治体戦略2040」と「スマート自治体」構想がそれです。そこでは、人口減少がやってくるから、それに備えるためにAIとロボティクス[1]を活用して、「自治体職員を半分にする」という過激な方針が掲げられています。人口が減るとしても半分になるわけではないのに、公務員の数を半分にするという理屈はおかしいわけで、そもそも日本の地方公務員数は先進諸国で最少人数なのです（2005年人口千人あたりで、英35.9人、仏42.7人、独69.6人、米73.9人、日29.6人）。ねらいは別のところにあるようです。結論からいえば、人口減少を口実に、自治体のあり方を変えて、公共サービスの産業化（民間化）を進めていこうということなのです。

### 「自治体戦略2040構想」とSociety 5.0
　政府・総務省の研究会が発表した「自治体戦略2040構想」の2040という数字、「少子化による急速な人口減少と高齢化」がピークに達する年のことで、それに備えて今から対策を講じようというわけです。
　その「対策」の要は、自治体の役割を「単なる『サービス・プロバイダー』から、公・共・私が協力し合う場を設定する『プラットフォ

ーム・ビルダー』へ」転換することだという点にあります。情報提供と交流、販売を仲介する企業＝プラットフォーマーとしてGAFA（Google, Apple, Facebook, Amazon）が有名ですが、これからの自治体もGAFAのように、住民サービス情報の授受の「場」・「土台」となるべきだというのです。

このことを「公共私のベストミックス」という言葉で表現しています。新しい自治体（＝「公」）は、これまでのような住民サービスを提供する役割（サービス・プロバイダー）ではなく、NPOや地域ボランティア等の新しい「共」とシェアリングエコノミーを含む新しい「私」（民間企業）が提供するサービス、これらの情報を提供・仲介・調整する役割に変えていくべきだというのです。だから、「（これからの）自治体の職員は関係者を巻き込み、まとめるプロジェクトマネージャーとなる必要がある」といいます。つまり「私」と「共」の受け皿が自治体の役割であり、職員の仕事はそれを調整することであるというのです。しかし、それが本当に住民サービスの向上になるのでしょうか。

自治体職員の仕事と働き方に大きく影響するもう一つの重大な提言がなされています。「スマート自治体」への転換です。「スマート自治体」とは、AIやロボティクスを使って住民・行政サービスを効果的・効率的に提供できる自治体とされていますが、実は、その背景には財界と政府によるSociety 5.0という構想があります。アルファベット表記のままで使われているこの言葉ですが、2016年1月に「第5期科学技術基本計画」として政府が閣議決定したものです。Society 5.0とは「狩猟社会、農耕社会、工業社会、情報社会に続くような新たな社会」であり、「超スマート社会」として「必要なもの・サービスを、必要な人に、必要な時に、必要なだけ提供し、社会の様々なニーズにきめ細かに対応でき」る社会であるとされています。これに強い影響を与えたのは経団連でした。経団連は、ドイツの「Industrie 4.0」（第4次産

業革命）を意識しながら、ビジネスチャンスとして IoT や AI、ロボ
ティクス等の新技術に注目し、それらの開発と普及を成長戦略として
大幅に国家予算を充てるべきだと、国へ強く要望してきました。

　このような背景で出てきたのが「自治体戦略 2040」の「スマート
自治体」構想です。自治体と職員は、住民からの多様な要望と新しい
「共」「私」が提供するサービスとを、IoT や AI 等を使って調整し結
びつけていく役割を担うことが構想されているのです。それは、全国
津々浦々すべての自治体で IoT や AI・ロボティクスを導入すること
が前提にされているわけですから、企業にとっては大きなビジネスチ
ャンスです。「スマート自治体」構想は「公共サービスの産業化」その
ものとなる可能性が大きいといわねばなりません。


## AI は労働を奪うのか

　「スマート自治体」では、AI やロボティクスを積極的に活用し、「従
来の半分の職員」で仕事を回すことがめざされているのですから、ま
るで AI やロボティクスが人間に代わって労働するかのようなイメー
ジが浮かんできます。そこから AI は「人間の仕事を奪うかもしれな
い」という漠然とした危惧が生まれ、さらに「機械学習」や「深層学
習」（ディープラーニング）が開発され、AI が「学習機能」をもつよ
うになるとその危惧はいっそう倍加します。AI はやがて人間の手を借
りずに自分で成長し、人間の能力を超える日が来るのではないかとい
う「心配」さえ出てきます。

　しかし数学者の新井紀子氏は、「AI がコンピューター上で実現され
るソフトウェアである限り、人間の知的活動のすべてが数式で表現で
きなければ、AI が人間に取って代わることはありません」と断言して
います[2]。

　とはいえ、これまでの技術革新は、例外なく、それまで人間がやって

きた仕事を機械が行い、その仕事が消滅し、その代わり新しい仕事が生まれてきました。人間労働と機械の歴史はその繰り返しでした。AIの場合はどうなのでしょうか。

　イギリスのオクスフォード大学の研究チームは「コンピュータ（AI）によって10〜20年後になくなる職業」という興味深い予測をしています。それによると、事務系の仕事、熟練労働などマニュアル化（数式化）できる仕事はなくなる可能性が高く、逆に、教育や医療、作家や研究者、聖職者など、マニュアル化しにくい職業はなくならないといいます[3]。いわば人間と人間の関係や感情が介在する、「愛」や「対話」を必要とする仕事はAIに取って変わる可能性がきわめて低いという予想なのです。これは重要な指摘です。

　国と財界が進めている「スマート自治体」構想を前にして、私たちは次のことをしっかりと胸に刻んでおく必要があります。AIは情報処理技術なのであり、情報処理と制御をするソフトウェアなのですから、AIそれ自体が「判断」しているわけではなく、データを分類し、整理しているに過ぎないのです。さらに、このデータ（情報）を分類して整理する基準は人間が設定しているのです。何が良いのか、何が必要なのか、何が大切なのか、この「判断基準」は人間が作るのであり、人間が判断した「基準」をソフトウェアとしてコンピューターに組み込んでいるのです。したがって、ここが重要なポイントですが、AIは労働を奪うのではなく、高度な道具なのです。AIは「愛」や「対話」を必要とする仕事を代行できませんが、それまでは膨大な時間を要していた業務を瞬時にこなすのですから、道具として使えば、仕事の肉体的負荷を軽減させ、労働時間を大幅に短縮させ、より的確で質の高い仕事ができる可能性が広がるはずです。AIを道具として何にどのように使っていくのか、自治体の現場でこのような議論が不可欠です。

## 2　AI・ロボティクスの導入事例
### ——川崎市の場合

　それでは、AIは現在、自治体においてどのように使われているのでしょうか。川崎市では、2016年度と2017年度と2度にわたり、AI導入に関する実証実験が行われました。以下では、それらの実証実験のうち、2016年度の実証実験に焦点をあて、その内容を紹介していくこととします。

### 2016年度実証実験

　川崎市の実証実験は、2016年9月6日から9月30日までの間、株式会社三菱総合研究所との協力のもと、子育てサービスについての問い合わせ支援サービスを対象に実施されました。実証実験では、電話や窓口への問い合わせ対応をAIが代替することで、①職員の業務量を減らし、電話・窓口での対応上の負担を軽減させること、②新しくその職場に着任した職員であっても、AIの対応を通じて経験豊富な職員のノウハウや対応を吸収し、それらを引き継ぐことができるようになること、そして③一つの部署にとどまらず、複数の部署にまたがり、市民に対してより分野横断的な情報を提供することなどが目的とされました。

　具体的な実証実験の方法は、次の通りです。実証実験期間中、「ママフレ川崎市版」（以下、「ママフレ」）という専用Webページが立ち上げられ、同ページに子育てサービスに関する市の施策や制度に関する情報、そしてFAQなどのデータが登録されました。利用者は、パソコン、タブレット、スマホなどで「ママフレ」内で対話型FAQを利用することができ、この対話型問い合わせ支援サービスでの質問やキーワ

ードから、AIが利用者の必要とする情報を絞り込みます。その上で利用者の質問に対する回答が表示され、あるいは参考となるWebページを開くというものです。これは「対話（chat）するロボット（bot）」ということでチャットボットと呼ばれています。この実証実験では、深層学習や機械学習などのAIの学習機能は活用されておらず、AIによる情報の絞り込み、質問に対する回答、関連サイトの表示は、人の手によって事前にプログラミングされたもので動いているという特徴があります。

　同実証実験では、実験後に利用者にアンケート調査が行われ、また子育て支援に携わる職員に対するヒアリング調査も行われました。以下、その概要をみてみましょう。

## 2016年度実証実験に対する利用者の評価

　まずサービスの利便性はどうだったのでしょうか。**図表4−1**は、サービス利用者に対して行われたアンケート調査の結果（回答数230件）をまとめたものです。「大変便利」、「まあまあ便利」と回答した人の割合は、全体の48.7％で、およそ半数の人が「便利」に感じた結果となりました。またサービスの継続（**図表4−2**）については、全体のおよそ90％の回答者が「継続してほしい」と回答しました。

　それでは、サービス利用者は、自身が必要とする情報をこのサービスを通じて得ることができたのでしょうか。この結果をまとめているのが**図表4−3**です。情報の取得では「半分くらいは得られた」が全体の約45％を占め、「ほとんど得られなかった」は全体の27％に及んでいます。つまり、同サービスを通じて、必要な情報を得るという目的に照らせば、全体としてその効果は限定的であったわけです。

　それではこのサービスの何がよかったのでしょうか。**図表4−4**からわかることは、「24時間使える」、「電話、窓口より気軽」の回答が

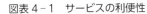

図表 4 - 1　サービスの利便性

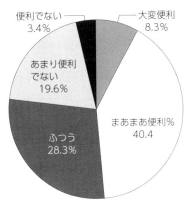

便利でない
3.4%

大変便利
8.3%

あまり便利
でない
19.6%

まあまあ便利%
40.4

ふつう
28.3%

図表 4 - 2　サービスの継続

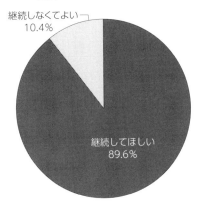

継続しなくてよい
10.4%

継続してほしい
89.6%

図表 4 - 3　情報の取得

ほとんど
得られなかった
27.0%

半分くらいは
得られた
44.3%

だいたい得られた
28.7%

図表 4 - 4　サービスのよかった点

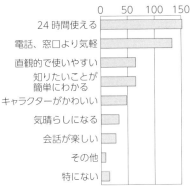

24 時間使える
電話、窓口より気軽
直観的で使いやすい
知りたいことが
簡単にわかる
キャラクターがかわいい
気晴らしになる
会話が楽しい
その他
特にない

出所：川崎市「AI（人口知能）を活用した問合せ支援サービス実証実験について」（2019 年）より、
一部簡素化の上、転記。

他の回答よりも抜きんでていることです。これらのことから、同サービスが便利、あるいは継続を希望するといっても、本来的な目的である必要な情報を取得できるというよりは、むしろ、24 時間使用できる、あるいはその利用上の気軽さから評価を集めていることではないでしょうか。

## 実証実験から認識された課題

　最後に、AIを活用したこの問い合わせ支援サービスについて、川崎市の職員たちはどのように感じ、また課題や問題点をどのように認識したのでしょうか。

　まず職員が指摘しているなかで、注目されるのは、AIと「人による作業との併用」の必要性です。この点について特に強調されているのは、「AIだけのやりとりで完結してしまうのにはリスクがあ」るとして、「最終的には該当部署や担当者へつながる仕組み」が必要であると述べていることです。また「補助金や手当などの問い合わせには、条件や状況に応じたよりきめ細やかな対応が重要である」ということも指摘しています。自治体の現場でAIを活用していく時の重要なポイントの一つです。

　そして、実証実験を通じて得られた課題について、AIを実用化する上での問題として、ディープラーニングとブラックボックス化することの問題が指摘されました。これは「ディープラーニングの技術は、高精度な判断と処理結果が期待できる反面、複雑なアルゴリズムであればあるほどブラックボックス化する懸念もあり、その修正手法など不明確な部分がある」という点です。いうまでもなく、公務労働とそこで暮らす市民の生活は密接につながっています。例えば、住民が自治体の提供するあるサービスを利用したいと申し出たとき、そこで自治体としての判断にAIだけを利用すると、ブラックボックス化してしまい、なぜその判断が適切なのかが職員に見えなくなってしまうことになりかねません。市民に対して説明不能となってしまっては説明責任という観点からも大問題です。その他、「自治体業務の制度変更をはじめ運用手法などが大きく変わる場合のメンテナンスや、市民に対して誤った情報や誤認識による判断を返してしまった場合のリカバリーが困難になることが予想される」という問題点も指摘されています。

# 3　AI・ロボティクスの導入事例
　　──さいたま市の場合

　次にさいたま市におけるAI導入についてみてみましょう。川崎市における AI 導入は、住民が直接利用するサービスに AI の活用が試みられたケース（チャットボット）でしたが、さいたま市の場合には、職員の仕事を対象として仕事の効率化、時間の短縮を企図して導入されたものです。この点において、川崎市とさいたま市では AI 導入に違いがあります。

## さいたま市における AI 導入の概要

　さいたま市の AI 導入に関する実証実験は、富士通総合研究所と九州大学が実施主体となって、それに市側が協力する形で行われました。2016 年に実証実験への協力依頼が市にあった後、およそ 1 年間の実施準備を経て、2017 年 4 月の保育所入所調整データに基づいて作業の一部を AI で自動化する実証実験が行われました。

　さいたま市には、およそ保育施設が 300 か所あり、保育所への入所申請者は例年約 8000 人にのぼります。それらの申請者を各保育施設に振り分けることが必要となります。その際、ただ単純に入所申請者を各保育施設に振り分ければいいというものではありません。さいたま市は、これまで保育所への入所申請において、申請者の希望をかなり細かく聞いており、それらの内容を保育所への振り分けに反映させようとしてきたという特徴があります。例えば、申請者の勤務状況、介護の有無などから生じる保育所入所に関する優先順位、各家庭の姉妹・兄弟の同一保育所での入所希望、同一保育所への希望でも空枠がない場合は一人でも入所させるのか、同時に入所できるまで待機するかな

ど、およそ考えられるパターンの入所申請者のさまざまな希望を加味することが必要となります。このような事情もあって、この保育所への入所申請者の振り分けは、これまで1月中の休日、祭日を返上して30人ほどの担当者が集まり、延べ1500時間もの時間を費やして行われていました。

　それではAIによって試験的に行われた保育施設の入所選考は、どのようになったのでしょうか。結果は、AI導入への準備におよそ1年の時間を要しましたが、これまで1500時間の時間を要した入所選考、申請者の振り分けは数秒で処理されました。これにより、申請者への決定通知も従来よりも早く連絡することができるようになる予定だということでした。

### 実証実験結果の市の担当者による評価
　このようにAIは、入所選考、入所申請者の保育施設への振り分けに関する業務を短縮しましたが、その振り分けの結果は適切なものだったのでしょうか。それを確かめるために、AIによる振り分け結果とこれまで通りの方法での振り分け結果と一致しているのかどうかの検証が行われました。その結果、AIによる振り分けは、従来の方法での結果と93.1%一致していたものの、6.9%に違いが生じました。その違いの原因について、年度中に当初とは異なる保育施設の枠数の変動や、与えられた入所希望パターンに当てはまらない条件が発生したことなどが考えられるとのことでした。それでも2019年8月に行ったヒアリング調査では、市の担当者は「与えられた条件においては極めて正確な振り分けが行われている」といい、条件設定を正確にすれば本格運用が可能であろうという評価でした。

## AI と自治体職員

　担当職員へのヒアリングでは、AI による入所申請者の振り分けは、保育課が担当している業務のうち、あくまでも「ほんのごく一部でしかない」という認識も示されました。この「担当している業務のごく一部である」という認識がきわめて重要です。AI によって保育課の職員を代替することが可能であるかのようなとらえ方はきわめて一面的に過ぎます。AI は、それまで 1500 時間もかけて行っていた振り分け作業の効率化、負担を軽減するためのツールであり、AI と自治体職員は代替関係ではなく、補完関係として捉えられているべきなのです。

　このことを立証する「事件」が発生してしまいました。本格的に稼働するはずだった 2020 年 1 月に AI がトラブルを起こしてしまったのです。報道によれば、入所希望のパターンを細かく設定したことなどが原因とされていますが、結局、担当職員がチェックを行い、例年のように休み返上の作業だったといいます。市は「AI 導入後も職員による検証は不可欠だ」という姿勢をもっていたので、AI システムにトラブルが発生しても市民に被害をもたらさずに対応することができたのです。

　以上のさいたま市の事例は、AI と自治体職員の関係について重要なことを示しています。

　第 1 に、上に述べたように AI は職員の業務のツールだということです。入所申請者の振り分けを AI で行ったとしても、その結果に対して自治体職員には責任が伴います。もし AI の選考により、保育所への入所が叶わなかった場合、入所申請者からの問い合わせには、回答をしなくてはなりません。当たり前のことですが、「AI が選考したことなのでわかりません」といった回答はできるはずもありません。

　第 2 に、したがって AI が実際にどのように選考を行っているのか、具体的な条件付けなどの詳細を自治体職員が決め、把握することが必

要となります。AIがツールとして首尾良く機能するためには、担当職員が業務全体の流れと内容を身につけていなければなりません。AIを活用する上で、自治体職員が培ってきたノウハウは必要不可欠です。このことはAI導入後も維持されるべきなのです。ツールが不具合を起こした場合の市民への対応はもちろんのこと、ツールを改善するためにも必須なのです。

　第3に、AIにはできること、できないことがあり、その点を強く認識しておくことが必要です。ここではAIによる振り分け作業を紹介しましたが、実は「市の保育施設入所マッチング業務に携わっている職員は、子どもの名前を見ただけでその家族の状況がわかるようになっている」とのことでした。ここには、さいたま市内の8000人の保育申請者の家庭状況、家族構成、特にケアを要する家庭などの情報が、マッチング作業を通して担当職員が認識し、それが自治体職員間で共有されていることが示されています。こうした情報が自治体業務の中で共有されることにより、例えば特別な対応が必要になった時に、個別の事情に合わせ、よりきめ細かく迅速に適切な対応をとることが可能となるのです。AI導入後も、職員間の情報の共有と連携は不可欠であり、それが市民サービスの質的向上をもたらすはずです。

## 4　AI・ロボティクスとのつきあい方

　いま全国の自治体ではどうなっているのでしょうか。総務省が行った調査（「地方自治体におけるAI・RPAの実証実験・導入状況調査」2018年）で確認してみましょう。

　それによれば、AIを1業務でも導入している（実証実験も含む）団体は、都道府県で36.2％、指定都市で60％、その他の市区町村では4.5％という結果でした。RPAについては、都道府県29.8％、指定都

市 40％、その他の市区町村 3.4％ で、いずれも、市区町村での導入は少なく、指定都市での導入割合が高いのが特徴です。

　それでは、どのように使われているのでしょうか。AI は「音声認識による議事録作成」（導入団体のうち 34.9％）や「チャットボットによる応答」（同 50.9％）が多く、市民からの問い合わせに対応する「チャットボット」を活用しているところが半数以上で、特に市区町村では 54.5％ となっているのが目立っています。それらの活用分野は、AI は、さいたま市のケースでみた保育園入所調整のような児童福祉や子育ての分野、健康・医療、高齢者介護などの福祉の分野が多く、RPA は、自治体内部の組織・職員関係、財務・会計関係、税務関係での活用事例が多くなっています。RPA は、他に高齢者福祉や健康・医療、児童福祉・子育てなどでも使われていますが、ほとんどが情報の集計や申請書類の整理・作成など定型的な業務の自動化です。

　この調査をみて分かることは、AI にしても RPA にしても、いずれも担当職員の仕事の補助ツールとして活用しているということです。総務省のホームページには全国の AI 活用事例が数多く掲載されていますが、それらをみると「人と AI のコラボ」や「AI コンシェルジュ」など AI を擬人化した表現が目立ちますが、そのほとんどはチャットボットによる市民対応、翻訳機としての活用、音声記録の文字化など、職員の業務補助・道具としての活用です。AI や RPA が業務を担っているわけではありません。現状では、自治体職員が業務をやりやすくするためのツールとして使っていることは明らかです。

　AI や RPA の活用は、この章の冒頭で述べたように、政府と財界が中心となって進めている Society 5.0 を背景とした「自治体戦略 2040 構想」と「スマート自治体」構想の目玉の一つになっています。それらの構想は、少子高齢化への対策ということが理由にされてはいますが、自治体の将来のあり方を全面的に変えていくねらいがあります。それ

は自治体の基本的な役割を、公共サービスを提供することではなく、サービス情報を収集・調整・提供・管理する役割に変更していこうということです。ですから政府文書のなかでは「公共サービス・資産の民間開放」が謳われ、経団連は国や自治体が保有する個人情報を含むデータを産業界・事業者が自由に活用できるようにすべきだと提言しているのです（「Society 5.0 を実現するデータ活用推進戦略」2017 年）。こうなると、自治体職員の仕事は住民の要望を「私」（民間企業）に繋いでいく役割に変わっていく危険性が出てきます。実際の公共サービスは民間企業やボランティアが行い、自治体職員は AI や RPA 使ってそれを効率よく繋いでいくという構図が浮かび上がってきます。

　このことは、「すべての公務員は、全体の奉仕者であり、一部の奉仕者ではない」、憲法第 15 条が規定するこの公務員の役割からの逸脱の危険性が生まれます。「全体の奉仕者」（＝国民・住民への奉仕者）から「一部の奉仕者」（＝企業への奉仕者）への転換です。国民・住民への奉仕者として、公共サービスの質の低下を招くことなく、適切なサービスを提供していくためには、いま目前で繰り広げられようとしている AI と RPA の導入について、次のようなポイントから点検する必要があります。

　第 1 に、AI は自治体職員に代わって公務労働を担えるわけではないから、AI を補助手段（ツール）としてどのような業務にどのような形で使うことが、住民サービスの向上になるかを問う必要があります。これらを AI や RPA 等を提供する IT 企業に任せるのではなく、現場で議論する必要があります。その際の重要点は、補助手段＝ツールとしての AI が職員と住民との「対話」を強くするような使われ方かどうかです。既述した川崎市の職員の発言、「AI だけのやりとりで完結してしまうのはリスクがある。最終的には該当部署や担当者につながる仕組みであるとよい」はたいへん鋭く的確な指摘です。

第2に、AIが作動している業務の質を点検すべきです。そもそもAIはデジタル化された情報を分類し、整理し、予め「学習」している「解答集」から最適解を見つけ出し、応答しているに過ぎません。「解答集」なしにAIは動かないのです。何をどのように判断（分類）するかの基準（解答集）は人間が作って、AIに「学習」させなければならないわけです。どのような「解答集」を作るのかが重要なポイントです。「効率性・能率性重視の判断基準」か「住民に寄り添った判断基準」なのか、これが大切です。ところが政府・総務省も、また「スマート自治体報告書」も、「パッケージソフトに対するカスタマイズは行わないことを原則とすべきである」として、住民からの要望を切り捨ててしまいかねない方針なのです。これは大いに批判されるべきです。住民サービスの質を維持するためには、住民との繋がりを強くしていくためのツールとして敢えてカスタマイズしたAIやRPAを職員の仕事を補助するツールとして使いながら、要望を切り捨てることなく応える必要があります。「解答集」の質が「一部の奉仕者としての判断基準」か「全体の奉仕者としての判断基準」なのか、これが鋭く問われるわけです。これを判断できるのは、AIの設計者でもなければ、IT企業でもなく、現場の一人ひとりの職員の知識と行動をおいて他にありません。どのような判断基準にするのか、自治体で働く職員一人ひとりの腕の見せどころです。

　第3に、上に述べた2つと関連しますが、そしてもっとも重要なことなのですが、AIやRPAを住民の要望により添った使い方をするためには、地域の住民が何を望み何を必要としているのか、これを自治体職員が認識し、理解することが重要です。このことは前節で紹介したさいたま市の事例からも頷けるでしょう。このことから考えると、例えば、電子申請は市民と職員の負担を軽減させますが、その一方で職員は市民の顔が見えなくなるわけです。「窓口業務」は各種の書類

の「自動販売機」ではありません。窓口にやってきた市民が抱える問題を発見し、必要な行政支援に繋いでいく役割もあるはずです。電子申請に潜む「自動販売機」化の弊害をいかに防いで行くのかが問われます。そのためには、これまで「窓口業務」が担っていた役割を重視して、ツールとして AI や RPA をどのように使うべきなのか、住民の顔が見える使い方はどうであるべきなのかを職場で検討する必要があります。それを知っているのは「窓口」や現場の職員をおいて他にいないからです。まさしく自治体の職員の仕事そのものです。

　最後になりますが、前章でみたように、職員数が大幅に削減され、また非正規化がさらに進む気配が濃厚です。そもそも日本の公務員数は先進国では最低水準であることも起因して、時間外労働時間も民間企業と勝るとも劣らないほど異常に長いのです。それにもかかわらず「2040 構想」は「従来の半分の職員」でできるように AI やロボティクスを導入すべきだと提言していることは理不尽としか言いようがありません。そうだとすれば、AI や RPA は、過剰な仕事量の軽減、労働時間の削減に使われるべきであり、人減らしに使わないルール作りが必要です。AI 等の技術は、職員数の削減ではなく、現状の過酷な労働実態の解消と、それを通した職員と市民の「対話」と繋がりの強化にこそ使われるべきではないでしょうか。

注
1　このロボティクスとは、Robotic Process Automation ＝ RPA をいい、これまで手作業でやっていた（定型）事務処理をパソコン内で自動処理するシステムのことです。
2　新井紀子『AI vs 教科書が読めない子どもたち』東洋経済新報社、2018 年、164-165 頁。
3　C. Frey and M. Osborne, The Future of Employment, 2013. https://www.oxfordmartin.ox.ac.uk/downloads/academic/The_Future_of_Employment.pdf

# 自治体労働者の働き方・働かせ方はこう変わってきた

—「自治体労働者論」を基軸にした歴史的視点から

## 1　革新自治体と自治体労働者

　最近は「死語」の感がありますが、1960年代から70年代を通じて、全国に多くの「革新自治体」が存在していました。これは、社会党（当時）や共産党、そして地域の知識人や労働組合が統一して、安保条約の廃棄・米軍基地の撤廃、議会の民主化、住民本位の行政をめざした首長を当選させたもので、東京や大阪をはじめ最大時4500万人が「革新自治体」のもとで生活するという実態がありました。

　ここでは、「革新自治体」という用語を、1967年に東京で誕生した「美濃部都政」のような、いくつかの政党と労働組合のような団体が協力して共通の政策目標を掲げて実現した首長に限定しておきます。

　「革新自治体」の大きな特徴は、「高度成長」の歪みに反対する地域・自治体での運動を背景にして、戦後の憲法・自治法を活用した「地方自治拡充」の運動でした。ただ、革新的な首長が誕生しても、ほとんどの自治体では、議会は自民党勢力を中心とした「保守」が多数を占めていましたから、自治体の運営は困難を極めました。

### 日本国憲法の下の公務員・自治体職員は労働者

　戦前の公務員は「天皇の官吏」として、身分的な序列の下にありました。戦後はこの状況が打破され、現行憲法第28条に規定される「勤

労者」（労働者）という性格になりました。しかし、アメリカ占領軍の下で、ストライキが禁止され、これを日本政府が受け入れ（政令201号）、その後の公務員法改正で争議権が剥奪されるという「労働者」らしからぬ状況が今日まで続いています。

こういった状況の下で、憲法で「地方自治」が保障されたといっても、自治体で働く労働者が労働基本権を活用して運動を展開することも困難であり、住民からみても、「地方自治」はどのようなメリットがあるのか、なかなか見えにくい状態が続いたのです。

例えば、朝鮮戦争後の不況下において、戦後初めて深刻な地方財政危機が進行し、「昭和の大合併」といわれる市町村合併が推進されましたが（1950年代半ば）、これにたいして住民・世論が大きな反対運動を展開したり、組織的な抵抗をしたりするということはほとんどなく、自治体労働運動の方も、全国的な運動で反対するようなことはできませんでした。

賃金なども人事院勧告制度（人勧制度）はできたものの、1950年代には賃金を引き上げる勧告はほとんどなく、労働者全体の賃金抑制の「重石」と言われるほどでした。

また、官吏制度の名残として、自治体の場合、つい最近まで「吏員」と「その他の職員」という区分があり、これなどは戦前の「官公吏」及び「雇用人」の区別に由来するものです。吏員、雇員（吏員の事務補助）、傭人（単純労務）などという「身分制度」的なものがあり、東京都などでも1970年代になるまで吏員昇任試験があったように、現在の能力主義給与管理「以前」の問題が残されていました。

このように、現行憲法の下で、自治体職員は労働者であるといっても、争議権も奪われ、その「代償」としての（労働基本権に「代償」などはないのですが）、人事院・人事委員会の給与引き上げ勧告なども出されず、身分制度の名残さえある状態に長い間置かれていたのです。

## 自治研集会（地方自治研究集会）が意味するもの

　自治体労働者の運動の歴史をみると、必ずでてくるのが、「自治研」集会でしょう。1957年に始まるこの独特な集会の歴史的な経緯をみてみましょう。

　教職員組織の日教組は、朝鮮戦争の最中の中央委員会で「教え子を再び戦場に送るな、青年よ再び銃を取るな」というスローガンを採択し（1951年1月）、「逆コース」といわれる政治状況の中で、時の教育政策に反対する姿勢を明確にして、教育研究集会を開催するようになり、自治体労働者もこれに大きな影響を受けました。

　とはいうものの、自治体労働者は、憲法で「全体の奉仕者」という立派な規定をもちながら、その精神を運動に活かすことが遅れたのには、さまざまな理由があります。その一つは、自治労が結成されたのが、1954年であったこと（それまでは、自治労連と自治労協に分裂。再統一は54年）、二つは、教員の場合、旧教育基本法（1947年）第10条において、「不当な支配に服することなく、国民全体に対し直接に責任を負って行われるべきものである」と規定されていたように、この教育基本法が運動や教育研究の強力な後ろ盾になったのです。ところが、自治体労働者の場合は、「職務命令」という形で日常の事務を行うわけで、明確な法律違反でない限り、これに逆らえないという事情があったわけです。

　先に述べたような天皇の「任命大権」の下では、公務員の雇用（任用）関係は、「特別権力関係」にあり、法治主義や人権保障、司法審査の排除ができるものとされていました。つまり、公務員は「天皇の官吏」として、命令は絶対的なもので、不服審査請求とか裁判すらも行うことができませんでした。

　こういう「制度」がなくなり「全体の奉仕者」となった現行憲法下においても、「特別権力関係」の「考え方」がしばらく続き、全面的に

否定されたのは、それほど古い話ではなく、1966年の全逓東京中郵事件の最高裁判決以降なのです。

今日では、公務員の勤務関係における「特別権力関係」論は否定されていますが、「全体の奉仕者」として安心して働けるような「身分保障」があるかといえば、任命権者に裁量権がかなり広範に認められているなど、多くの問題があります。

こういう状況の下で、「職務命令」に基づいて仕事をするということは、自治体労働者の働き方としては、なかなか厳しいもので、「全体の奉仕者」という立場を活かして住民のための仕事をすることも、そう簡単なことではなかったのです。

さて、自治研が開始された1957年ですが、直前の1955年に朝鮮戦争後の不況などを反映した地方財政危機からの脱却を口実にして「地方財政再建促進特別措置法」が制定され、地方自治を保障されたはずの自治体が、事実上、禁治産者扱いにされるという憲法違反状況の事態が全国的に生じました。赤字財政のしわ寄せが自治体労働者と住民に押し付けられたわけです。自治研集会は、このような中で開催されたわけですが、その根底には自治体職員の賃金をはじめとする労働条件が切り下げられ、これに対抗する意識が強くあったと思われます。しかし、後になると、自治研集会の基本テーマが「地方自治を住民の手に」へと発展していくようになりました（1961年）。

## 2　革新自治体の衰退と自治体労働者

「自治体労働者論」とは、1970年代のオイルショック後の深刻な地方財政危機において、革新自治体が崩壊する危機に直面して、自治体労働者が主体的にその職務を自覚して、住民とともに克服しようというものでした。したがって、「公務労働」一般に関する議論ではなく、ま

た、「お役人から労働者へ」という議論や、「自治体労働者の二面性」を解明しようというものでもありませんでした。端的にいうと、憲法における「全体の奉仕者」という規定を積極的なものとして再把握して、これを運動に活かすことを提起したものなのです。

したがって、具体的な運動の方向は、自治体労働者が行財政の民主的な点検活動を積極的に行い、住民に予算や決算の状況を知らせ、ムダをなくして住民本位の行政のあり方を提起・追求し、地方財政危機打開の全国的な対政府運動を担っていくことでした。

しかし、残念ながら、この運動は革新自治体の衰退という歴史的推移の中で、必ずしも十分な発展を遂げることができませんでした。しかし、多くの教訓を残しました。

例えば、自治労連が結成されてから、「全国運動」として、予算要求を中心にして、賃金闘争などもその中で展開しようという、住民共闘の方向が示されたことがあります。これは、予算のあり方こそが、私たちの労働条件や住民の生活のより所になっているという事実に依拠した「共同の運動」概念だったのです。しかし、この運動は、自治労連の組織的な偏りや力量不足などを反映して、十分に展開できず、今日に至っています。

## 革新自治体衰退の原因と自治体労働者論

革新自治体がほとんど姿を消してから、かなり長い時間が経過しています。

革新自治体が衰退した原因の第1は、政治的にこれを支えてきた社会党（当時）と共産党の協力関係の状況が破壊され、社会党が安保条約や自衛隊への態度を変化させていったことです。

革新自治体衰退の第2の要因は、地方財政危機脱却に関連して「都市経営論」がはびこりましたが、この自治体経営への民間的視点導入

論を有効に打破できなかったことです。そのバイブルといえる『都市経営の現状と課題』（日本都市センター、ぎょうせい、1978年）は、自治体の財政が悪化する最大の原因は、住宅、老人、保育の三つの行政であるとされ、行政の恩恵を被る人と、恩恵を被ることのない人の「格差論」が持ち込まれ、これが臨調行革における「民間活力の活用」論に合流していくのを、理論的・実践的に食い止めることができなかったのです。

革新自治体の政策の弱点として、財政政策や産業政策などを打ち出せなかったという指摘もありますが、例えば東京都は最大の税収源である法人事業税と法人住民税（法人二税）の不均一超過課税を行いましたし、国を相手に起債の自由を主張する訴訟を行おうとするなど、全く無策だったわけではありません。しかし、日増しに強くなる「公務員攻撃」の下で、民間的手法導入への住民の共感をえられるような反撃ができなかったことが最大の問題でした。

自治体労働者論は、このように自治体財政の深刻な危機を、抜本的制度改革で克服することが極めて困難な状態の下での運動のあり方を模索するものでした。つまり、憲法の「全体の奉仕者」を積極的に活用しつつ、革新自治体を擁護・発展させるのがこの議論の眼目だったわけです。

住民と自治体労働者の間に打ち込まれた「楔」をどう克服するのか。その答えを模索する最中に、人件費攻撃が大々的に仕掛けられ、人勧によって、民間の後追いをしているはずの公務員・自治体労働者の賃金が民間より高いという宣伝が日経連などから大規模に行われ、運動の萎縮へと追い込まれました。

1970年代後半から1980年代を通して、振り返ってみると、オイルショック後の1974年は30%のインフレの下で不況が克服できない「スタグフレーション」現象が起こり、石油の大幅値上げとともに価格体

系が一変するようなインフレが起きました。

　労働組合も頑張って、30％近い賃上げを勝ち取りましたが、自治体経営という面からみると、インフレで自治体支出は大きく増大し、自治体職員の賃金も30％近く引き上げなければならず、急速に自治体財政が悪化するのは当然のことでした。富裕といわれる東京都ですら職員の給与の遅配や、共済組合から借金をするなど、綱渡り的な運営を強いられました。

　こういう中で、政府・財界が一体となった「TOKYO作戦」（革新自治体であった、東京、大阪、京都、横浜、沖縄を潰す作戦）が奏功し、1970年代の末期以降から、バタバタと首長が保守勢力に奪還されていったのでした。

### 臨調行革以降の自治体と自治体労働者

　臨調は、第二次臨時行政調査会が正式な名称ですが、1981年に発足し、中曾根内閣の時に本格的な活動を展開しました。「増税なき財政再建」というのがスローガンで、発足前に「財政非常事態宣言」が行われ、国民の危機感を煽りながら、福祉や社会保障のカットや、財政縮小政策を展開しました。

　財政再建の中には、公務員の給与抑制も加わり、1982年の人事院勧告が「凍結」されるという非常事態になりました。自治体においても、ほとんどの自治体が給与引き上げストップとなり、香焼町（その後、長崎市と合併）の人勧の完全実施や、一年遅れで実施した東京都などは例外中の例外でした。

　この人事院勧告や人事委員会勧告の凍結の中で、臨調では、公務員にスト権を付与して、労使関係の圧力で、正面から公務員の給与を引き下げようという動きもありましたが、結局、人勧は公務員の賃金抑制に利用できるという認識が大勢を占め、人勧制度は残され、公務員

のスト権剥奪はそのままということになりました。

今日でもこの状況が継続しているわけですが、さらに、「地方分権」が強調される中で、大阪などのように、自治体独自に、職員の給与を削減するという「不当」な措置が取られるようになり、これが全国に広まりました。何のために人勧が存在しているのか、「全体の奉仕者」としての役割を果たすための、公務員の「身分保障」が形骸化する状態が出てきたわけです。

自治体労働者論は、「革新自治体を擁護・発展させる」議論であり、今日でも、地方自治を住民の手に取り戻すための強力なツールであるべきなのです。

## 3 自治体民間化の中の自治体労働者論

2000年の「地方分権一括法」における地方自治法改正で、「機関委任事務」のように、地方自治体が国の「出先機関」であり、下請け機関であるという性格が「是正」されたようにみえます。しかし、沖縄の辺野古新基地建設に反対する民意が全く無視され、裁判でも国の機関を一民間組織として扱うなどの「屁理屈」で国を勝訴させるなどの実態をみると、地方自治が強化されていると単純にみなすことはできません。

以前と同じように、国の出先機関であると同時に、住民自治の組織であるという「二つの側面」を地方自治体がもっているという姿に大きな変化はないようです。

### 公務労働論と自治体労働者論
先に述べたように、「自治体労働者論」というのは、この地方自治体の二つの側面から「自治体労働者の二面性」を導出したり、国家の共

同業務を担う側面と階級支配の二つの側面から「二面性」を導出したりする議論とは関係のないものです。

　また、いわゆる「公務労働論」という「公務員一般」を論ずる議論とも関係がなく、革新自治体という、住民生活や憲法の精神を地方に活かす方向に寄与する議論なのです。

　資本主義が発展して、労働者階級が多数になっていくと、労働監督官などの「公務員」が資本家に対し法律で決められた労働基準を守らせる役割を果たすようになるなど、「公務員」の「働き方」も資本主義の発展の中で、変化してきました。

　こういう方向が強まる中で、「公務員」が特権的な上層階級のみに許される職業から、国民一般に「開かれた」職業に転換していくと（職業としての公務員）、その「労働者性」が強まり、仕事の上でも、労働者の労働条件や権利などを守る「働き方」が生まれてきたのです。国家というと当然に「階級支配」や「抑圧」ということを考えますが、議会も地方自治体も、警察も軍隊も一緒くたにして「国家一般」を論じるようなことは避けなければなりません。

　このような公務員の労働の特徴を、国家や自治体、議会の役割などさまざまな角度から考察するのが、いわゆる「公務労働論」です。


## 自治体労働者の働きがいを求めて

　自治体労働者や労働組合が創意をもって、職場で運動するという点で、現在さまざまな困難が増大していることは否定できません。市町村合併によるリストラや無理な公共事業を展開したための財政不安から指定管理者などの新しい制度が展開されています。

　他の章で扱っているような民間化のさまざまな形態や、働き方の変化、同じ職場にさまざまな「身分」の労働者が混在しているという現状、正規職員より非正規職員の方が多いとか、同じような仕事をしな

がら、給与だけは圧倒的に格差があるという「官製ワーキングプア」の増大など、自治体の性格が憲法で保障されている「地方自治」とはかけ離れていく実態があります。

そもそも「全体の奉仕者」というのは、憲法第15条に規定されているように、「公務員を選定し、及びこれを罷免することは、国民固有の権利である。すべて公務員は、全体の奉仕者であって、一部の奉仕者ではない」というわけですが、選挙で選ばれているわけではない、一般の公務員、自治体労働者が「全体の奉仕者」であるためには、一般の公務員までは選定罷免権は及ばないという通説を踏まえれば、国民・住民が公務員をコントロールできることが必須の条件になります。

現在、公務員は自治体職員を含めて、一定の選考をパスすれば「誰でも就職できる」という意味でオープンな制度であり、猟官制の時代とは異なります。そして、メリットシステム＝能力実証主義によって、採用から退職まで任用が行われることになっています。このメリットシステムが有効に機能していないと、国民のコントロール権が保障されなくなるわけです。

こういう面で、行政の民間化、自治体の民間化、職員の民間化というのは、基本的に避けなければならないものです。なぜなら、国民のコントロールは、制度的には、民間にまで及ばないからです。公務員の身分保障は、国民によるコントロールと一体のもので、「全体の奉仕者」としての働き方を保障するはずのものなのです。

同時に、だからといって、現在、多くの非正規労働者が働いており、それなしに自治体の運営が成立しない状況下で、「けしからん」と言っているだけで、何か解決することもありません。

非正規職員の抱える問題点の「解決」を口実にして導入された会計年度任用職員が実際には、極めて不安定な職でありながら、一般職地方公務員とされることにより、地方公務員法で規定された公務上の義

務・規律、人事評価が適用されるように、国の自治体政策は極めて巧妙です。本来であれば、労働基本権があるべき労働者を、実質的に「身分保障」を与えず、しかも職務命令に従う義務、信用失墜行為の禁止、守秘義務、職務専念義務や政治的行為の制限などを付すわけですから、これまでの自治体における制度、公務員制度の大きな変質につながるものです。

　それはまた、自治体における非正規労働者（臨時、非常勤など）の脱法的な運営を「改善」できるわけではなく、これまでもあった、民間請負や派遣労働がなくなるわけでもなく、ますます、複雑な実質的脱法行為が蔓延することでしょう。

　自治体職員の働き方が住民のコントロールが効かないものになれば、「全体の奉仕者」性は崩壊します。また、正規労働者の方をみれば、任用制度がありますが、これも一種の「契約」というのが有力説です。

　民間労働者と混在する正規職員から労働基本権を剥奪したままでよいという論理を今後も維持することは矛盾を大きくするばかりです。

　このような「大きな矛盾」を解決する方法というのは、「解釈論」的に批判することではなく、大きな運動と正確な政策を打ち出して、住民本位の行政はいかにして可能になるのか、という住民共闘、住民とともに考える立場を堅持することから糸口を見いだす以外にないでしょう。野党共闘による政権交代を期待するのであれば、それに間に合うように、政策的な対応や方向性を準備していかないと、かつての民主党政権や、細川非自民政権の時のように、政権側も運動側もなにもしないということになりかねません。

　私たちは憲法における「全体の奉仕者」規定の積極性を評価しつつ、危機に直面する地方自治の内実を実質的に住民本位のものに転換していくために「自治体労働者」論を発展させていく必要があるのです。

# 終章 自治体戦略 2040 構想と自治体職員

## 「全体の奉仕者」ということ

　本書の「はじめに」で取り上げた『県庁の星』、この小説の最後にこういうセリフがあります。「役所に戻っても、いまの調子でね。私らの生活を良くして頂戴よ。県民の期待の星なんだから」。民間の経営手法を学ぼうと意気込んでやってきた県庁のエリートが、1年間の研修を終えた別れ際に、研修先のスーパーの女性パート労働者に言われた言葉です。高級デパートではなく、田舎のスーパーの消費者（県民）の要望に寄り添うということはどういうことか、それを教えたのがこの女性パート労働者でしたから、エリート意識いっぱいだった彼も「僕の研修先がこの店で良かった」と素直に呟く感動的なシーンです。

　改めて「全体の奉仕者」を考えさせられます。本書の補章でも述べられていますが、憲法第15条第2項「すべて公務員は、全体の奉仕者であって、一部の奉仕者ではない」のです。憲法というと構えてしまいますが、難しく考える必要はありません。国民主権を基本におけば、「全体」とは国民一人ひとりのことであり、地方自治体の場合は、住民一人ひとりのことです。自治体職員はまさに「私らの生活を良くする」ことが仕事であり、これが「全体の奉仕者」ということの意味です。補章で書かれていた「自治体労働者」という言葉は、自治体職員の「働き方」をこの「全体の奉仕者」という視点を基本において考えようというものです。

　そこで本書の各章で論じられてきたことを、この「全体の奉仕者」

101

にふさわしい「働き方」(「働かせ方」＝人事労務管理) であるのかどう
かという視点から振り返ってみましょう。

## 自治体職員の実際

　自治体職員の現場でいま何が起きているのかが率直に語られた序章
を受けて、正規職員の「人事評価制度」を分析した第1章では、法律
で強制された現在の人事評価制度によって「働き方」が「全体の奉仕
者」から「一部（首長）への奉仕者」に変貌してしまう危険性がある
ことが論じられました。また運用を誤ると、職員間の差別やモチベー
ションを低下させてしまう「劇薬」でもあり、だからこそ組合と職員
一人ひとりが監視の目を光らせることが重要であると主張しています。

　労働時間とワーク・ライフ・バランス問題を扱った第2章では、人
員削減の影響もあって、自治体職員は仕事が過密化し日常的な残業に
追われ、かつての「楽な公務員」というイメージからはかけ離れた現
実が分析されました。このままでは住民サービスの質の低下を招くと
警告し、職員のワーク・ライフ・バランスを実現することは、職員自
身だけでなく、住民が受けるサービスの質的向上という点からも重視
すべきだと主張しています。

　非正規の職員に焦点を充てた第3章では、いまや全国平均で5人に
1人にまで増加した非正規職員の現状、住民サービスが雇用不安と低
い労働条件の彼らで支えられている現実、その歪みの一部を埋め合わ
せるために制度化された「会計年度任用職員」という新しい非正規職
員制度、増加する民間委託とそこで働く労働者の劣悪な労働条件、い
ま「全体の奉仕者」の少なくない部分がこの多様な形の非正規職員で
担われていることが論じられました。住民サービスの向上という点か
らも、抜本的な改善が不可欠であり、非正規労働者保護のための法律
を公務の分野にも広げること、各地で制度化されはじめている「公契

約条例」を全国に広めていくことなどが提唱されました。

## 「自治体戦略 2040 構想」とスマート自治体

　AI とロボティクスが導入・活用されるようになった自治体での「働き方」について論じたのが第 4 章です。AI とロボティクスの積極的な活用は、将来の自治体のあるべき姿への戦略として出された「自治体戦略 2040 構想」と「スマート自治体への転換」で推奨されています。それは現在の自治体のあり方を、「公共サービスを提供する当局」ではなく、「公共サービスを管理する当局」に変えていくべきだといいます。自治体の役割がそのように変わって、本当に住民の暮らしを守りサービスが向上するのか大きな疑問が湧きます。またスマート自治体に関連して、国や地方自治体が保有する公共データをオープン化して、企業が活用できるようにすべきだと提言していることも気になります。「スマート自治体」構想は「公共サービスの産業化」そのものとなる可能性が大きいといわねばなりません。

　第 4 章では「全体の奉仕者」として「働くこと」に絞って問題点が指摘されました。「2040 構想」の「公共私のベストミックス」では、自治体職員の役割は、住民の要望を「私」（民間企業）に繋いでいくことが想定され、住民サービスの実際を提供する民間企業やボランティアに効率よく紹介する、こんな構図が浮かんできます。しかし、「全体の奉仕者」としては、住民の要望を受け止め、掘り起こし、どのようなサービスが適切なのかを判断することが求められます。「紹介」はその一つに過ぎません。さらに自治体の現場で使われる AI やロボティクスについて、①住民サービスの質の向上のために AI をどのように使うのか、②導入された AI がそれぞれの職場の仕事のツールとして機能しているのかどうか、③導入された AI やロボティクスが長時間過密労働の軽減になっているのかどうか、現場の自治体職員によるこう

した点検が不可欠です。AIやロボティクスは自治体職員に代わって仕事をするわけではないのですから、自治体職員自らがこうしたことについてチェックと行動が求められています。

## いのちと暮らしを守る自治体職員として

　最後に、今回の新型コロナウイルス感染がパンデミック状態のなかで、自治体職員の奮闘ぶりが注目され期待されています。全国のすべての自治体職員が自身の健康と命を賭けて向き合う姿は9年前の東日本大震災の時が想起されます。しかし今回はすべての人々の命に関わることですから、これまで以上に自治体職員の仕事の大切さが、理屈抜きで理解されはじめていると思われます。

　自治体職員は削減され続け、コストと効率性の論理の「改革」が断行されてきました。今回、これが間違いであったことを如実に示されました。本書の序章でも紹介されていますが、橋下徹氏が、かつて大阪府知事・市長時代に自身が行った公的医療・公衆衛生機関の予算削減が「現場を疲弊させている」とツイッターで「反省の弁」を呟いています。その一つ、2011年に千里救命救急センターへの補助金3億5000万円を、多くの反対の声を無視して、全額カットしてしまったのです。「今さら何を！」と言いたいですが、「全体の奉仕者」への視点を欠いたコストと効率性の「働かせ方」のツケが、自治体職員と住民に回されてしまったのです。これは橋下氏だけの問題ではありません。今世紀に入ってからずっと進められてきた「公務員改革」の誤りが示されているのです。新しい時代の住民への奉仕の担い手として、各章で語られている警告に耳を傾け、改善に向けての取り組みが待ったなしで求められています。

# 深く学ぶための読書案内

　本書はなるべくたくさんの人に読んでもらいたいという願いから、字数をかなり短く制限しました。また各章でも引用や参考のための注も制限しました。それだけに、説明不足やわかりにくいところもあります。読んでいただいて、興味の湧いたところや、もっと知りたいことが出てきたかもしれません。そんな方々のために、以下に文献案内としてリストアップしてみました。それぞれどんな本なのか簡単な説明をつけています。

　興味のある課題、興味のある分野、どこからでも、ぜひとも、もう一歩前に進んでみませんか。執筆者全員の願いです。

【編著者の五十音順】

**新井紀子『AI vs. 教科書が読めない子どもたち』東洋経済新報社、2018 年。**
　タイトルは刺激的ですが、気鋭の数学者が AI と人間との関係を分かりやすく書いています。AI とは何か、AI 時代に私たちはどうすれば良いのかを学ぶことができます。

**岡田知弘『公共サービスの産業化と地方自治──「Society 5.0」戦略下の自治体・地域経済』自治体研究社、2019 年。**
　「自治体戦略 2040 構想」の第 2 次答申（2018 年 7 月）は、政府と財界が進めている Society 5.0 の実現に向けた公共サービスの産業化の一環であり、それらによって自治体がどのように変えられようとしているのかを明らかにしています。

**尾林芳匡『自治体民営化のゆくえ──公共サービスの変質と再生』自治体研究社、2020 年。**

近年の民営化の手法や民営化で生じている問題点について、多くの実例を用いて解説しています。

鹿嶋　敬『なぜ働き続けられない？──社会と自分の力学』岩波書店、2019年。
　女性が望んでも働き続けられないのはなぜか、非正規雇用が多いのはなぜかという問いに対して、男女共同参画社会の中での「軋轢」を描きながら、当事者の声とともに、未来に向けた提言をしています。

上林陽治『非正規公務員の現在──深化する格差』日本評論社、2015年。
　地方自治体で働く多様な非正規職員の問題を制度と実態から述べ、解決の処方箋も提示されています。

上林陽治『非正規公務員という問題──問われる公共サービスのあり方』岩波書店、2013年。
　非正規公務員の実態とその問題点を知るための平易な入門書です。

熊沢　誠『過労死・過労自殺の現代史──働きすぎに斃れる人たち』岩波書店、2018年。
　事例を丹念に紐解くことを通じて、「普通」の労働者が過労死・過労自殺するほど働きすぎる日本の社会構造を白日の下に晒そうとする力作です。

黒田兼一・小越洋之助・榊原秀訓『どうする自治体の人事評価──公正、公開、納得への提言』自治体研究社、2015年。
　公務員に人事評価制度を導入したようになった背景と理由、人事評価とは何か、人事評価をめぐる課題などについて、いくつかの自治体の事例を紹介しながら概説した本です。

黒田兼一、小越洋之助編『公務員改革と自治体職員──NPMの源流・イ

106

ギリスと日本』自治体研究社、2014 年。

　イギリス自治体現地調査にもとづき、「公務員改革」とは何か、その源流を辿ると共に、近年、進行する「公務員改革」の実態を明らかにしています。日英比較を念頭に、能力・実績主義賃金や非正規職員の実相にも焦点が当てられており、必読の書です。

佐藤博樹・武石恵美子著『職場のワーク・ライフ・バランス』日本経済新聞出版社、2010 年。

　ワーク・ライフ・バランスの必要性、支援するための職場風土や仕事管理・時間管理の改革、コミュニケーションの円滑化などを具体的に解説しています。制度とその狙い、そして運用方法までをコンパクトにまとめた本です。

自治労連・岩手自治労連編『3・11 岩手　自治体職員の証言と記録』大月書店、2014 年。

　3・11 大震災に直面した自治体職員が自らの体験を綴った記録集です。「憲法を活かし、住民生活を守る」とはどういうことか、「全体の奉仕者」の役割とは何か、これが生々しく書かれています。

白藤博行・岡田知弘・平岡和久『「自治体戦略 2040 構想」と地方自治』自治体研究社、2019 年。

　「自治体戦略 2040 構想」が発表された直後、その本質を読み解き、それによって基礎自治体がどうなるのかを批判的に検討した基本的な文献です。

総務省『地方公務員におけるダイバーシティ・働き方改革推進のためのガイドブック』2020 年。https://www.soumu.go.jp/main_content/000679790.pdf

　女性活用・働き方改革について、地方公共団体へのアンケート調査結果の紹介や、最新の取組等を事例・施策等を紹介したガイドブックです。

竹信美恵子『ルポ　雇用劣化不況』岩波書店、2009年。

　「雇用の劣化が招いた不況」について明快な分析を行い、丹念な取材を通じて、雇用劣化の状況をわかりやすく示しています。そのなかで「官製ワーキングプア」についても取り上げられています。

友寄英隆『AIと資本主義——マルクス経済学ではこう考える』本の泉社、2019年。

　AIを経済学、とりわけマルクス主義経済学の立場からどのように考えるかを試みた意欲的な本です。AIと労働者、AIと資本主義、AIと人間社会の関係を考えていく参考になります。

西谷　敏・晴山一穂・行方久生編『公務の民間化と公務労働』大月書店、2004年。

　付論として、人事院勧告（人勧）制度についての歴史的な分析が掲載されています。

西谷　敏・晴山一穂編『公務員制度改革』大月書店、2002年。

　少し古い著作ですが、2001年12月に閣議決定された「公務員制度改革大綱」にたいする批判を念頭に、公務員制度と公務労働の役割を考える基本的視点が網羅されています。

二宮厚美・田中彰史『福祉国家型地方自治と公務労働』大月書店、2011年。

　東日本大震災は市町村合併や公務員削減などの「改革」の問題性を鮮明にしました。憲法を活かす地方自治と公務労働のあり方を問う良書です。

二宮厚美『自治体の公共性と民間委託——保育・給食労働の公共性と公務労働』自治体研究社、2000年。

　自治体の公共性とは何か、自治体にとってなぜ民間委託が問題なのかを理論的に説明しています。

日本自治体労働組合総連合（自治労連）『自治体労働者の賃金——しくみと課題』2018年。

　地方公務員の賃金のしくみ、「能力・業績主義賃金」の査定、人事評価制度の歴史や組合のたたかいの方向を明らかにしています。

早川征一郎・盛永雅則『公務員の賃金——現状と問題点』旬報社、2015年。

　公務員の賃金について、人事院制度との関係で述べられた本です。人事院による地方の低賃金を利用した地方公務員の「地域手当」の導入、地域別最低賃金との関係についても述べており、視野を広げるために役立ちます。

早川征一郎・松尾孝一『国・自治体の非正規職員』旬報社、2012年。

　民間部門に比べて公務員の非正規職員の問題についての本は多くありません。本書は国家公務員と地方公務員の非正規雇用問題に関する総合的な研究書です。

原冨　悟『公契約条例ハンドブック——賃金破壊とサービスの劣化にストップ』新日本出版社、2013年。

　公契約条例とは何か、その意義と可能性について、分かりやすく具体的に書かれています。

晴山一穂・猿橋　均編『民主的自治体労働者論——生成と展開、そして未来へ』大月書店、2019年。

　自治体労働者とは何か？　民主的自治体労働者という考え方が、法的・歴史的経緯も含めて、要領よくまとめられています。

前田健太郎『市民を雇わない国家——日本が公務員の少ない国へと至った道』東京大学出版会、2014年。

　日本は公務員数の少ないことを国際比較により明らかにし、その理由を

60 年代の行政改革に遡って解明しています。現在の公務員改革に対しても重要な視点を提供しています。

水町勇一郎・森井博子・柊木野一紀・吉田　肇・湊　祐樹・田村裕一郎・神内伸浩『【ビジネスガイド別冊】どうする？　働き方改革法［労働時間・休日管理＆同一労働同一賃金］』日本法令、2019 年。

　一連の「働き方改革関連法」のうち、とくにポイントとなる「労働時間管理」「休日管理」「同一労働同一賃金」について、実務面からの対応をコンパクトにまとめた一冊です。

三村正夫『ブラック役場化する職場──知られざる非正規公務員の実態』労働調査会、2017 年。

　特定社会保険労務士の著者が相談を受けた非正規公務員として勤務する女性職員の事例を中心に構成されています。具体的なエピソードを通じて、非正規公務員の勤務や法のはざまにおかれた不安定な雇用の実態を知ることができます。

森岡孝二『雇用身分社会』岩波書店、2015 年。

　1990 年代以降における雇用関係を概観し、今日の社会のあり様を「雇用身分社会」という概念で分析しています。「雇用身分社会」の実態を赤裸々に明らかにし、そこからの脱却の方途についても論じられています。

森岡孝二『過労死は何を告発しているか──現代日本の企業と労働』岩波書店、2013 年。

　なぜ、日本において恒常的な長時間過密労働がなくならないのか、その「働きすぎのメカニズム」を明らかにし、過労死・過労自殺を減らしていくために何をなすべきかが分かりやすく説明された良書です。

# あとがき

　本書は自治労連・地方自治体問題研究機構の人事給与研究会がこれまで重ねてきた研究成果をまとめたものです。企画されたのは 2019 年秋のことでしたから、新型コロナウイルス感染問題は予想だにしていませんでした。ところが原稿の締切前後には「緊急事態宣言」が出されてもおかしくない状況となっていました。

　それにしても、そもそも PCR 検査も OECD 加盟国のなかでメキシコに次ぐ低さで、まともではありません。その原因はいろいろあるでしょうが、本書の全体で繰り返し指摘してきた「公務員改革」が大きく関係しているはずです。例えば、1991 年に全国で 852 か所あった保健所は、2020 年には 469 か所まで激減しています。コロナ災禍対応の拠点が苦境に立たされており、人手不足で職員も派遣に頼っています。コロナウイルスは私たちに効率性・能率性偏重の「公務員改革」を全面的に見直すべきだと警告を発しているのです。

　今世紀に入ってから「改革」の大波は矢継ぎ早ですが、効率性・能率性偏重にストップをかけてまともな働き方を取り戻さなければなりません。自治体再生の力の源は、現に自治体で働いている若い職員が中心になるはずですし、それを期待したいです。近年、活字離れの傾向が強まっているといいますが、全国の若い自治体職員の皆さんと、そしてこれから地方公務員になって力を発揮したいと考えている学生の皆さんにぜひとも読んでいただきたいのです。できるだけ平易な言葉と全体のページ数を抑えることに心がけました。一つ一つの自治体の職場と大学のゼミナールで議論が巻き起こることを強く願っています。

　2020 年 5 月 15 日　　　　　　　　執筆者を代表して　黒田兼一

## 執筆分担

はじめに　黒田兼一

序　章　公務の世界でいま何が起きているのか

  1　いま自治体の現場で何が起きているのか　水戸川慶太

  2　いま自治体の職場で何が起きているのか　佐賀達也

  3　医療と福祉の現場で何が起きているのか　水戸川慶太

第1章　人事評価制度と給与

  1　人事評価制度とは何か　黒田兼一

  2　人事評価制度と給与・処遇　小越洋之助

  3　人事評価とどう向き合うか　黒田兼一・小越洋之助

第2章　自治体職員の労働時間とワーク・ライフ・バランス

  1　自治体職員のワーク・ライフ・バランスと住民サービス　清山　玲

  2　ワーク・ライフ・アンバランスな自治体職場の実情　鬼丸朋子

  3　ワーク・ライフ・バランス職場をつくる　清山　玲

第3章　公務公共を担う非正規公務員

  1　「行政改革」と非正規職員の増加　山縣宏寿

  2　会計年度任用職員制度　山縣宏寿

  3　「雇用劣化」の自治体現場　小尾晴美

  4　広がる民間委託とその問題点　戸室健作

  5　非正規公務員の待遇改善　小尾晴美・戸室健作

第4章　AI・ロボティクス時代の自治体職員

  1　AI・ロボティクスと公務労働　黒田兼一

  2　AI・ロボティクスの導入事例　山縣宏寿

  3　AI・ロボティクスの導入事例　山縣宏寿

  4　AI・ロボティクスとのつきあい方　黒田兼一

補　章　自治体労働者の働き方・働かせ方はこう変わってきた　行方久生

終　章　自治体戦略2040構想と自治体職員　黒田兼一

あとがき　黒田兼一

## 著者紹介

[編著者]

黒田兼一（くろだ・けんいち）明治大学名誉教授

小越洋之助（おごし・ようのすけ）國學院大学名誉教授

[著者] 執筆順

水戸川慶太（みとかわ・けいた）神奈川県職労書記長

佐賀達也（さが・たつや）自治労連中央執行委員

鬼丸朋子（おにまる・ともこ）中央大学教授

清山　玲（せいやま・れい）茨城大学教授

山縣宏寿（やまがた・ひろひさ）専修大学准教授

小尾晴美（おび・はるみ）中央大学准教授

戸室健作（とむろ・けんさく）千葉商科大学准教授

行方久生（なめかた・ひさお）元山形大学教授

### 働き方改革と自治体職員
——人事評価、ワーク・ライフ・バランス、非正規職員、AI・ロボティクス

2020 年 6 月 20 日　　初版第 1 刷発行

編著者　黒田兼一・小越洋之助

発行者　長平　弘

発行所　㈱自治体研究社
〒162-8512 東京都新宿区矢来町 123　矢来ビル 4 F
TEL：03・3235・5941／FAX：03・3235・5933
http://www.jichiken.jp/
E-Mail：info@jichiken.jp

ISBN978-4-88037-710-0 C0031

印刷・製本／モリモト印刷株式会社
DTP／赤塚　修

**自治体研究社** ─────────────────────

## 公務員改革と自治体職員
### ──NPM の源流・イギリスと日本
黒田兼一・小越洋之助編 　定価（本体 2000 円＋税）

イギリスの公務員改革、ニュー・パブリック・マネジメントの実態調査を踏まえて、日本の公務労働、公務員改革のあり方を多角的に考える。

## どうする自治体の人事評価制度
### ──公正、公開、納得への提言
黒田兼一・小越洋之助・榊原秀訓著 　定価（本体 1204 円＋税）

公務員の人事評価制度はどうあるべきか。安易な評価制度を排して、全体の奉仕者としての公務員と住民の関係に重点を置いて根本的に検討。

## 公共サービスの産業化と地方自治
### ──「Society 5.0」戦略下の自治体・地域経済
岡田知弘著 　定価（本体 1300 円＋税）

公共サービスから住民の個人情報まで、公共領域で市場化が強行されている。変質する自治体政策や地域経済に自治サイドから対抗軸を示す。

## 「自治体戦略 2040 構想」と自治体
白藤博行・岡田知弘・平岡和久著 　定価（本体 1000 円＋税）

「自治体戦略 2040 構想」研究会の報告書を読み解き、基礎自治体の枠組みを壊し、地方自治を骨抜きにするさまざまな問題点を明らかにする。

## 人口減少時代の自治体政策
### ──市民共同自治体への展望
中山　徹著 　定価（本体 1200 円＋税）

人口減少に歯止めがかからず、東京一極集中はさらに進む。「市民共同自治体」を提唱し、地域再編に市民のニーズを活かす方法を模索する。

─────────────────────